繞過
半個地球
見教宗

跟著小灰團參加2013世界青年日

賴光男暨2013世青小灰團員　著

目錄

PART 1 走，一起去朝聖

PART 2 巴西，我來了。

PART 3 2013 世界青年日

PART 4 打包 滿滿的愛

年輕朋友們，一起走出舒適圈，
看看不一樣的世界吧！

當你遇見基督、遇見愛，必將充滿力量，
活出喜樂的每一天！

創作歌手 品冠

一起踏上
世界青年日的旅程

鍾安住 主教

主內親愛的朋友：

願基督賜給你們恩寵與平安！

欣聞深受青年們喜愛參加的「聖若望小灰團」要出版一本《繞過半個地球見教宗》，彙集了青年們參加2013年世界青年日（World Youth Day）的心得，我深覺喜樂及與有榮焉！感謝天主，世界青年日真的點燃許多青年們的信仰熱火！

世界青年日（簡稱：世青）是由前教宗聖若望保祿二世於1984年發起的青年慶節，每二或三年舉辦國際性的青年慶祝大會，其他每年的聖枝主日於各國自行舉辦。台灣教會自1995年馬尼拉世青開始便由主教團邀集各教區、修會組成籌備大會，每屆國際慶祝的世青都有數百名的台灣青年參加。

正如同聖奧思定（St. Augustine）所道：「我們都是在這世上的朝聖者」。「朝聖」正就是帶領我們脫離自己的舒適圈，才能觀察到主耶穌在我們一路上預備的恩寵，才能不被世俗及平常羈絆我們的雜務，干擾我們心靈中純淨的目光。朝聖旅程中的困難與疲憊，也就如同我們在這人生道路奔走時所經歷到的，在在都需要天主的恩寵與帶領，深刻體會到離了祂，我們什麼也不能做。

　　我也陪伴著台灣的青年們參加了幾屆世青：2008年在澳洲雪梨、2011年在西班牙馬德里、2013年在巴西，目前也預備著參加2016年在波蘭克拉科夫即將舉辦的世青。每次世青為我而言都是難忘的旅程，有許多深刻的感動和學習，特別無法忘懷的是普世青年慶祝信仰的喜樂與朝氣。尤其在每次我擔任中文要理講授時，看著台下數百個來自全世界的華人青年們對信仰的渴望，我心中升起萬分感恩，感謝天主讓我有這樣的機會與這些青年們分享信仰的道理！

　　特別邀請正要開始閱讀這本書的青年朋友們，如果你也想親身經驗到書中提到的朝聖經驗，你想體會那些信仰的悸動，我誠摯地邀請你，一起同我們踏上世界青年日的旅程吧！

　　天主保佑

鍾安住

在嘉義主教公署
主後2014年加爾默羅聖母瞻禮

　　本文作者：鍾安住主教，1952 年生，台灣雲林縣人，1981晉鐸。1986年獲羅馬亞豐索倫理學院（Accademia Alfonsiana）碩士，1996年獲羅馬拉特朗大學（Pontificia Universita Lateranense）倫理學博士。曾任輔仁大學董事、台灣總修院院長、台南教區秘書長、澎湖地區主教代表、輔仁大學校牧、台北總教區輔理主教。2008年1月24日為教宗本篤十六世任命為嘉義教區主教。

來自同一個源頭，
走向同一個目標！

高天祐 神父

「世界青年日結束了，我的新生活也開始了。在這次世青中，我得到很多力量，體會到信仰的價值；回到生活中，我要開始行動，做自己該做的事。跟耶穌一起作，也跟別人一起作。」世青經驗對每一位參與者來說，都有著深刻的影響力，如同這位青年的見證。

我們朝聖之旅的高峰是在里約的科帕卡巴納海灘，那是天主教青年與教宗方濟各的約會。教宗在彌撒講道中談到這次世界青年日的主題：「你們要去使萬民成為門徒」（《瑪竇福音》廿八章19節）。他說：「耶穌對你們每個人說：『參加世界青年日、與世界各地的青年一起度信仰生活，真是美好。可是現在，你必須把這個經驗傳給別人。』」現場參與的300多萬人，分別來自175個不同的國家，大家都回應了耶穌和教宗提出的這個邀請。這是一個令人震撼的經驗，天主教是個多麼大的家庭！

教宗強調三個思想：「你們要去、不要害怕、為人服務。」耶穌要派遣我們去哪裡？「沒有邊界，沒有限度。」教宗方濟各回答，「耶穌派遣我們走向世上的每一個人。福音是大家的，而不只是某些人的。不要害怕，把基督傳遍生活中各個領域，傳到社會邊緣，甚至傳向看似離我們最遠、最冷漠的那些人。主尋求一切，祂希望每個人都感受到祂的慈愛和祂愛的溫暖。」

　　世青給了我們一個很獨特的教會經驗。「天主教」的英文「catholic」，意思就是「普世」。我們需要先體驗到自己與世界各地的青年，分享著同一份信仰、同一份希望、同一份愛，才能了解我們來自同一個源頭，也走向同一個目標。我們建立了團體，一同出發朝聖，在朝聖之旅中，遇到更多的人、更多的團體……。回家之後，也將活出我們在旅程中獲得的真理：

　　論到那從起初就有的生命的聖言，就是我們聽見過，我們親眼看見過，瞻仰過，以及我們親手摸過的生命的聖言──這生命已顯示出來，我們看見了，也為他作證，且把這原與父同在，且已顯示給我們的永遠的生命，傳報給你們──我們將所見所聞的傳報給你們，為使你們也同我們相通；原來我們是同父和祂的子耶穌基督相通的。我們給你們寫這些事，是為叫我們的喜樂得以圓滿。（《若望壹書》一章1-4節）

　　這本書就是我們要跟你分享的見證。我們去了很多地方、遇見很多人，獲得深刻的生命經驗。現在我們願意把這一切都送給你，希望你會了解，我們最後所找到的寶藏，那些人、那些地方和那些經驗的源頭，只有一個──我們的天父！

　　本文作者：高天祐神父為聖若望修會會士，法國人。生肖是老鼠，2009年晉鐸，高中和大學（數學系）都在軍校就讀，在法國聖若望修會會院研讀哲學、神學，曾於奧地利、台灣服務，現在在紐西蘭的大學擔任神師。

為什麼要寫這本書？

「你覺得世青帶給你什麼改變啊？」

就是這句話，開啟了想寫這本書的念頭。

世界青年日（簡稱世青）讓我們深刻了解到天主教「大公教會」或「普世教會」的意義，看到我們跟各國青年之間是多麼的不同，卻因為相同的信仰聚在一起，彼此友愛。特別是接待我們的寄宿家庭對我們像是對待自己的小孩一樣，這些都是因為這個寶貴的信仰教導我們：「你們要彼此相愛，如同我愛了你們一樣。」

身處異鄉、和其他國家的青年們相處，也讓我們看到每個國家的教會青年都有各自的煩惱跟環境的壓力：貧窮、毒品、墮胎、現代社會主流價值觀跟教會教導之間的衝突等等，都不斷刺激著我們思考：回台灣之後該走的方向？要換工作或是繼續求學？我們該為教會做些什麼？

在海邊和教宗的相遇，使我們看見各國青年對信仰的共同渴望，更了解到教會給予我們的教導是不分國家、語言、膚色的真理與普世價值，也給予我們真正的平安。徹夜祈禱的海浪聲，像是拍打著教會這艘船，信德是我們的帆，由聖神的風引領我們前進，使我們不致隨波逐流。而我們都在這艘船上，我們就是教會。

　　對於台灣的青年人來說，要參加世界青年日是一件不簡單的事情。每一屆世青依舉辦地點的遠近，所需的費用也不太一樣，但大致上來說都還是一筆相當可觀的數字。在職的青年雖然可以自己存錢，但大部分都要利用換工作的過渡期才能參加。至於在學的學生，就需要得到家庭或堂區的支持，才有機會參加世界青年日。

　　於是我們有了這樣的想法：把每個人的感動集合在一起，以文字跟圖片的方式分享出去，讓更多人了解世界青年日、了解耶穌、了解這個信仰。同時，也將本書版稅用於幫助想要參加下一屆世界青年日的青年，不管是教友或非教友，只要對信仰有渴望、願意分享從世青所得到的喜樂，都有機會去參加2016年在波蘭舉辦的世界青年日，並且將這份愛傳下去。

　　關於這本書的構思跟形成要感謝很多人的參與。感謝天主將這份工作交給我們，使我們能夠聚在一起完成這本書；感謝耶穌這樣愛了我們；感謝聖神帶領我們寫出這些文章。在這個資訊爆炸的社會中，讓這本書承載著來自天父的喜樂、平安，還有愛，傳遞給身邊每一個人。也謝謝星火文化為我們出版這本書。

2013年 世界青年日
台灣小灰團

PART 1

走,
一起去朝聖

耶穌對門徒們說：「你們來看看吧！」他們於是去了。

——《若望福音》一章39節

01

到巴西，見教宗！

山頂上的基督，擁抱著所有人，不分貧富。

我不是基督徒，但是在教會學校唸書，因此認識了一群信仰天主教的好朋友。這群朋友臉上時常掛著笑容，與他們相處時總是感到輕鬆自在。我很喜歡和他們聊天，尤其是分享彼此的旅行經驗。他們都知道，我是個熱愛旅行的人，最大的夢想就是能走遍全世界，體驗不同的文化和生活。

　　2013年放寒假時，有一天我和這群朋友相約一起午餐。他們突然問我：

　　「今年暑假要不要和我們一起去參加『世界青年日』？這次是去巴西喔！」

　　一聽到「巴西」兩個字，我腦袋裡馬上浮現嘉年華會熱情喧鬧的畫面：男人打赤膊，露出結實的肌肉，扮成精靈和許多誇張的造型；女人穿著少到不能再少、用串珠和流蘇裝飾的比基尼，好像一隻孔雀一樣，跟著節奏甩動著背後色彩鮮豔的羽毛裝飾。無數的亮片灑在空中，人們都穿著華麗裝扮，在花車上盡情的舞動身體。

里約貧民窟與高樓大廈的衝突感。

　　雖然之前看過一些有關巴西的旅遊書跟電視節目，但對巴西的了解仍只是皮毛，比如：巴西位於南美洲、每年固定舉辦嘉年華會；去巴西旅遊要特別小心，因為街頭充斥著許多危險，尤其是貧民窟（Favela）一帶，遊客不能隨便闖入等等……。記得我曾經看過一部電影——《玩命關頭5》，裡面呈現出里約貧民窟的樣子，這畫面和另一頭林立的高樓大廈形成強烈的對比，看起來頗令人錯愕。另一個讓我印象最深刻的，就是那個山頂上的基督像，他面對金黃色的海岸，凝視著遠方，好像不管人們是貧窮或富有，都在他的懷抱裡！

　　「那麼，除了這些之外，巴西還有什麼呢？」我心中猜想著。禁不住好奇心的驅使，我那熱愛冒險的靈魂開始蠢蠢欲動，當下真想馬上答應。不過，「世界青年日」是什麼呢？我從來沒有聽說過，總不能迷迷糊地就跟著去吧？

ˋ 世界青年日：教宗與青年的約會 ˊ

　　朋友們看出我的疑惑，便向我解釋：
「世界青年日（World Youth Day，簡稱世
青）源自於教宗聖若望保祿二世[1]（John
Paul II）。他在當上教宗的那一天，曾對
聖伯多祿廣場（St. Peter´s square）上的
年輕人說：『你們是教會和世界的希望，
你們是我的希望。』他重視青年，喜愛青
年的熱誠，於是開始在梵蒂岡（Vatican）
舉辦羅馬教區每年一次的青年聚會，邀請
青年前往羅馬。後來，那些相聚成為世界
各地青年的需要，他們將活動擴大到每二
至三年，在各地選擇不同的城市舉辦，好
讓來自全世界的青年有機會聚集在一起，
並凝聚教會的希望與力量。」

　　「什麼？來自世界各地的青年將齊聚
在巴西！」才聽到這裡，我心中立刻湧現
一股強烈的興奮感！這麼難得的機會，怎
麼可以錯過呢？

　　「聽說上一屆在西班牙馬德里
（Madrid）舉行的世界青年日，大概有兩
百萬人參加。」

前教宗聖若望保祿二世。

教宗很關心全世界的青年。

1　聖若望保祿二世（1920-2005），波蘭人，本名卡羅爾·約澤夫·沃伊蒂瓦（Karol Józef Wojtyła），
　1978年獲選為第264任教宗。由於早期的青年牧靈經驗，使得他對青年相當熟悉，並於1984年開始了世
　界青年日。2014年4月27日被教會宣封為聖人。

2008年世界青年日，教宗本篤十六世與各地青年（大專同學會團／呂居勳攝）。

哇！來自世界各國的兩百萬個年輕人聚在一起，那是怎樣的一個場面啊！

一看到我閃閃發亮的眼神，朋友馬上露出一副「魚兒上鉤了」的笑容，一邊繼續向我說明……

「世界青年日主要邀請的對象是十八至三十歲、對天主教信仰有興趣的年輕人，不管是否為基督信徒都可以參加。這個活動像是一個全球性的夏令營，除了彼此共融之外，也能為主辦國家的地方教會注入新的活力。教宗會親自前往會場，與來自各地的青年面對面，向他們說話、聆聽他們的聲音。」

「在《跨越希望的門檻》這本書裡，前教宗聖若望保祿二世說：『不是教宗帶著青年們從地球的這一邊跑到地球的那一邊，而是青年們帶著教宗跑[2]。』」

那麼，參加世界青年日就可以看到教宗囉！對我來說，這將是一個新奇又難得的經驗。在教會學校待了那麼久，我知道教宗對於天主教會來說，是非常重要的人物。不過，到底為什麼重要，我就不太明白了。

教宗與青年一起迎向希望。

2 若望保祿二世著，楊成斌譯，《跨越希望的門檻》，立緒文化，頁166。

2011年西班牙世界青年日（新竹芥菜子團／呂居勳攝）。

2011年世界青年日閉幕彌撒會場（新竹芥菜子團／呂居勳攝）。

　　為了多了解一點，當晚我立刻上網搜尋「教宗」和「世界青年日」的相關資料。原來教宗是耶穌在世上的代表，也是羅馬教區的主教，帶領著整個教會。而天主教的首任教宗是耶穌十二門徒中的一位——聖伯多祿（St. Peter）。

　　我在Youtube上找到有關世青的宣傳影片，看到上一屆（2011年）西班牙世青「閉幕彌撒」結束時，教宗宣布下屆世青主辦國的畫面。當時的教宗是本篤十六世（Benedict XVI）。他是一位滿頭白髮、穿著白色袍子的老人家，看起來有點嚴肅，又帶著一點長者慈悲的權威。他說話時，速度很慢，底下的年輕人也都聚精會神的聆聽著。當他說出下一屆主辦城市是「巴西里約熱內盧（Rio de Janeiro, Brazil）」的時候，鏡頭帶到激動的巴西青年那裡，他們臉上畫著綠、黃、藍三色的巴西國旗，有的人甚至哭了出來。

參與2011年世界青年日的青年們（新竹芥菜子團／呂居勳攝）。

╳「幸福」，你值得！╳

影片最後，教宗鼓勵所有堅守信仰的年輕人勇敢面對世界上的困境，完成那些真的能為生命帶來圓滿和幸福的事。接著，畫面中出現了這行字——「你值得尋求幸福！」教宗的這句話，不只是說給現場的青年聽，也深深打動了盯著電腦螢幕的我。

什麼事情能帶來真正的幸福呢？哪裡可以找到幸福？

「幸福」聽起來遠比「快樂」更完整、更持久。被影片裡的氣氛感染，我從那些年輕人的臉上似乎已經找到答案。那不像參加演唱會的瘋狂，也沒有大拜拜的煙霧繚繞，而是一種深沉的滿足……。不知不覺，我心中那股莫名的渴望已變得越來越強烈——我想參加這樣的活動！！

雖然時間不早了，我仍然坐在電腦螢幕前，絲毫沒有睡意。受不了好奇心的誘惑，我繼續在網頁上瀏覽著世青的相關資訊，這才知道：

雖然活動名稱叫做世界青年「日」，但其實是從星期一至星期日，為期一個禮拜的活動。

你值得尋求幸福！（2011世青新竹芥菜子團 / 呂居勳攝）。

╳ 世青大會週 ╳

除了每天有固定的行程以外，主辦城市會在主要行程之外的時間，穿插安排各種不同類型的活動。從星期一開始，為了迎接來自世界各地的朝聖者，會在城市裡舉辦許多精采的文化交流活動，也為朝聖者提供學校、體育館、教堂等合適的住處。星期二的主要活動是由當地總主教主持的

「開幕彌撒」，正式歡迎來自各國的朝聖青年，為世界青年日揭開序幕。從星期三開始，在城市裡大大小小的教堂中，會有各國主教以幾種主要語言跟青年交流，進行為期三天的「要理講授」。星期四的重頭戲是「迎接教宗」，教宗會在下午前往大會會場與青年們見面，進行近距離的談話。星期五的主要活動是「拜苦路」，藉由重現基督被釘上十字架的過程，提醒青年信仰與生活的連結。星期六的活動重點則是當晚的「徹夜祈禱」，所有朝聖者都會「徒步」走到閉幕會場，在那裡一起過夜。星期日早上，將由教宗主持「閉幕彌撒」，也是整個世青週的高峰。教宗會在彌撒後宣布下一屆世青的舉辦地點。

歷屆世青大會週活動行程

	星期一	星期二	星期三	星期四	星期五	星期六	星期日
上午	朝聖者抵達與報到	朝聖者抵達與報到	要理講授（以語言為單位，由各國主教主講，朝聖者前往預先報名之場地參加）			朝聖者步行至閉幕會場	閉幕彌撒（教宗主祭）
下午	朝聖者抵達與報到	開幕彌撒	青年節慶				
晚上		青年節慶（文化展演及靈修活動）	青年節慶	迎接教宗	拜苦路（教宗主持）	徹夜祈禱（教宗主持）	

★對於台灣大部分的年輕人來說，獨自出國參加實在太不容易，所以通常會由神父領團一起前往，光是台灣就有四、五個修會團體帶團。各團體會在世青大會週前後，分別安排不同的朝聖行程和體驗活動。

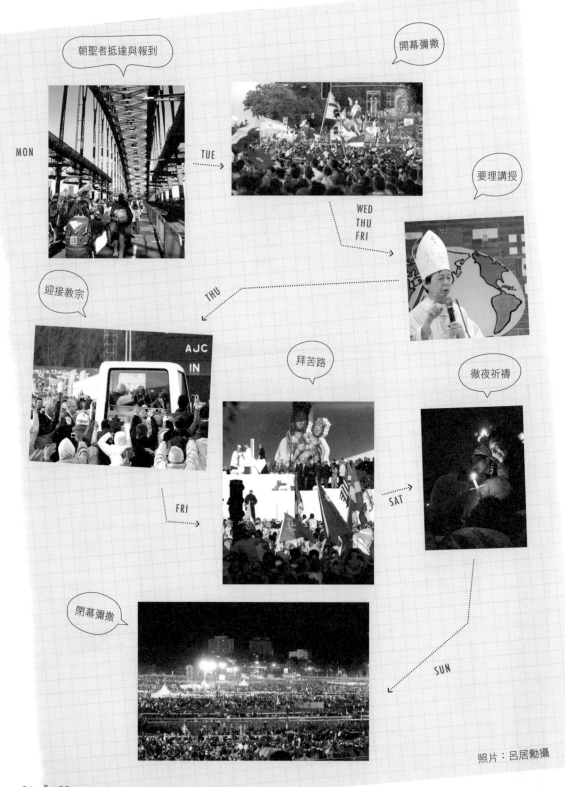

朝聖者抵達與報到

MON

開幕彌撒

TUE

要理講授

WED
THU
FRI

迎接教宗

THU

拜苦路

徹夜祈禱

FRI

SAT

閉幕彌撒

SUN

照片：呂居勳攝

╲ 向天主求吧！祂會給你的。 ╲

接下來那幾天，我從早到晚滿腦子想的都是「我要去巴西參加世界青年日」、「我會在巴西看見教宗嗎？」……

不過，想歸想，還是得考量那個最現實的問題——「旅費」。整趟行程包含世青大會週，以及大會週前後的朝聖之旅，旅行時間將近一個月，所需費用總共是新台幣12萬元，對我這個窮學生來說，實在相當驚人。我拿起桌上的年曆開始倒數，算著還有幾個月可以存錢，一個月要存多少錢才夠？最後還要向家人請求幫忙多少？

算著算著，才發現12萬對我來說，實在是太遙遠了！！！

就算每個月都不吃不喝，也沒辦法存到這筆錢。媽媽聽到我想去巴西的時候，只唸了幾句：「平常拜拜要你幫忙燒金紙都不肯，媽祖繞境也不跟，還要跟人家去什麼天主教的活動？這麼貴！不要去了！」聽到這些話，我的心情瞬間跌到谷底，只好告訴自己，別再做巴西夢了！

後來，朋友知道我有經費上的困難，只對我說了一句話：「向天主求吧！祂會給你的。」

向天主求？但我不是教友，這樣有用嗎？我露出疑惑的表情。朋友看見了，仍然充滿信心的要我試試看，還說他們都會為我祈禱，一定能找到辦法的！

抱著姑且一試的心情，我接受了他們的建議，但卻不知道該怎麼祈禱。於是，他們帶著我祈禱，「劃聖號」[3]：

因父（用右手手指點額頭），及子（點胸口），及聖神之名（點左肩然後右肩），阿們。

「親愛的天父……」

因父　　　及子　　　及聖神之名　　　阿們

「向天主求吧！祂會給你的。」這句話不斷在我心頭迴盪著。既然媽媽已經潑我冷水了，我沒有其他的辦法，只能轉而投靠朋友口中的耶穌，看看會不會有奇蹟出現。於是我開始練習在睡前祈禱，雖然感覺有些彆扭，覺得自己好像在和空氣講話一樣，但我還是硬著頭皮說出我的心聲：「耶穌，我好想去巴西，但是沒有錢，聽說可以找你幫忙，你願意嗎？」

日子一天天過去，除了祈禱，我沒有再多想些什麼。

有一天，我在校園閒晃時，看到布告欄上提到，學校為了鼓勵學生參加國際活動，提供相關的補助經費。我心想：「難道這就是天主為我開的一扇窗？」我立刻衝到電腦教室查詢相關資料，下載申請表，並記下需要準備的資料——自傳、計畫書、行程表等等。我以最快的速度寫完申請表，請朋友幫忙修改，然後送出申請資料。

接下來，我仍然每天晚上祈禱，並不斷運用「念力」，想著申請一定會通過！沒想到，願望實現的速度比我想像中還快，哈！我接到電話，得知申請已通過審查。就這樣，經費有了著落，家裡也就沒什麼意見了。

對我來說，這真的是一大奇蹟，也許我每天的祈禱（應該說是嘮叨碎唸），「祂」真的聽到了（說不定是因為「不堪其擾」，因而「影響」了這些評審委員通過我的申請？！）。不論如何，這件事完全是出乎意料的順利！現在，我終於可以大聲喊出：

「巴西！我～來～了！」
「教宗！我～來～了！」

教宗爺爺真可愛！

---

3 天主教徒在祈禱前後，有一個特別的動作——劃聖號，這是天主教特有的記號。意思是天父由天上派遣聖子到世界上來，靠聖神把我們從各處聚集起來，這救贖工程是靠耶穌在十字架上的犧牲而完成的。而劃聖號時所唸的經文，是表示我們靠天主聖父、聖子、聖神開始進行或完成所作的祈禱與工作。阿們（Amen）是希伯來文，它表達出「的確如此」、「確實如此」、「我全信」等意思。

Part1

02

嗨！小灰團

　　我和朋友這次是參加由「聖若望修會」神父帶領的團。「聖若望修會」對我來說，是個完全陌生的名詞。我問朋友：「聖若望修會的神父會不會很嚴肅？」朋友說：「等到培訓時，你就知道了！」

　　「培訓？什麼培訓？」這才發現，我興沖沖報名參加世青之後，完全不知道接下來會有些什麼。

　　原來，在出發之前我還要跟團員們一起參加培訓活動。台灣主教團為所有從台灣出發的團體，規劃了兩場培訓體驗，讓大家知道出發前該做好哪些準備，旅程中又該注意哪些事。另外，聖若望修會也會為團員們安排獨立的培訓課程。

　　不久，我便收到來自台南聖若望修會的培訓通知，地點是在他們安溪寮的會院。報到的那天晚上會有神父和我們在新營火車站碰面，他會開車來載我們。

從新營火車站走出來，我滿懷期待的看著等待的人潮，猜想著哪一位會是一同前往巴西的旅伴？又想著，到底帶隊的神父會是怎樣的人呢？

一台灰色的廂型車開到眼前，車身上寫著大大的五個字——「聖若望修會」，有一個穿灰色長袍的外國人開門走下車，東張西望著。我便揮手跟他打招呼，帶著緊張的心情走向他。

他是高天祐神父，也是我們這個團的領隊。我對他的第一印象，除了那件灰色會衣之外，就是高挺的鼻子、有點偏藍色的眼睛，以及大大的微笑。

正在尷尬的想「怎麼辦，要怎麼打招呼」時，神父一開口竟然是流利的中文：「你好！我是高天祐神父！」雖然還是帶著一點口音，但是他的中文說得很好。

高天祐神父。

你好！

「我姓高，雖然我沒有很高。」一連串的驚訝讓我說不出話來，逗得我一直傻笑。接著他問我從哪裡來、叫什麼名字，並開始介紹他自己。

高神父來自法國南部，比較靠近地中海的地區，他會說德語、法語，也會一點英語和西班牙語。未來的旅途中，高神父就是我們的輔導神父兼翻譯。

就在我們相認的時候，其他團員也陸續靠過來，和我們打招呼。神父確認過人數之後，我們就上車了，準備回到安溪寮的會院。

✕ 與團員們第一次相遇 ✕

一坐上神父的車，大家都自在的交談著。說也奇怪，車上的氣氛很輕鬆，團員們雖然是初次見面，卻絲毫不覺得陌生。可能是因為大家都懷著同樣的期待吧！

從新營火車站到安溪寮，車程約十分鐘。我們是最後一批抵達的，其他比較早到的團員，有人在院子裡聊天，有人在聖堂裡祈禱。

這是我們第一次見面，大家分別來自北、中、南各地，為了前往巴西而聚

聖若望修會在台南安溪寮的會院。

在一起。團員們大部分是大學生，最年輕的正準備升大學，也有幾位已經在工作了。比較特別的是，這次還有兩對夫妻一起參加。聽說除了帶我們的高神父以外，還有一位來自彰化的張年加修女，不過，我們要等到出發的時候才能在機場見到她。

我們在這裡待了兩天，除了對彼此更加熟悉、對旅程更加明白之外，也認識了「聖若望修會」這個團體……

聖若望修會發源於瑞士佛萊堡大學（The University of Fribourg），當時費道明（Marie-Dominique Philippe）神父在那裡擔任哲學教授。他的幾位法國籍學生受他的影響，渴望度完全奉獻的生活，並請求費道明神父擔任靈修指導。1975年夏天，五位學生決定定期集會，並接受一位教區司鐸（費神父早期的學生）的指導。後來他們就開始過團體生活：清晨五點半起床，進行一個小時的團體默禱、早禱、彌撒……開始一天美好的時光。

團員們相見歡。

他們在一起共同生活了一段時間之後，團體慢慢地發展，終於在1978年獲得羅馬修會聖部的認可，團體正式取名為「聖若望修會」（Communauté Saint-Jean）[1]，並由費道明神父起草擬訂修會生活規章，呈報修會聖部。

　　1982年，費道明神父以70歲高齡在佛萊堡大學退休，若望團體決定在法國安定下來，在法國里蒙（Rimont）建立母院。直到現在，幾乎全世界各地都有他們的足跡。

費道明神父。

1　聖若望修會在台灣：

　　1980年，聖若望修會會祖費道明神父受到當時台北教區賈彥文總主教的邀請，在1983年派遣雷嘉理神父來到台北教區，建立聖若望修會的第二個會院，這是法國以外成立的第一個會院。1986年將會院遷到三峽，由雷神父擔任本堂牧靈。

　　1987年受到成世光主教的邀請，1988年會士們在台南安溪寮建立中華聖母靜心院、聖家天主堂。往後幾年陸續接受委託照管菁寮天主堂、台南大專青年中心，並在烏樹林成立聖若望默觀修女會的會院。近年來由平信徒組成的第三會也漸漸發展起來。

　　2014年，聖若望修會在台灣的會士總共有七位：雷嘉理神父（三峽堂本堂神父）、韋方濟神父（菁寮堂本堂神父）、梁承恩神父（安溪寮聖家堂本堂神父）、畢度神父（中華聖母靜心院理家神父）、周達明神父（天主教台南青年中心指導神師）、方惟仁修士，還有一個今年剛來到台灣的年輕巴西修士（Br. Ismael）。

　　帶領2013世青小灰團的高天祐神父，已在2013年9月被修會派遣到紐西蘭基督城（Christchurch, New Zealand）為教友服務。

✕ 小灰神父與小灰團 ✕

聖若望修會的會士們一年四季都穿著灰色、有連衣帽的長袖會衣，腰繫皮帶，皮帶旁掛著一串大型的玫瑰念珠（他們說這樣連走路的時候也可以唸玫瑰經[2]），還有一年四季都一樣的涼鞋。

他們的會衣都是長袖的，只有分成夏季跟冬季兩種不同厚度，會衣內層有很多口袋。有時他們會從口袋裡拿出令人意想不到的東西，就像小叮噹的百寶袋。

剛來到台灣的時候，每個會士都很不習慣台灣溼熱的氣候，他們說好像衣服裡面在下雨一樣，但是待的時間久了，也就習慣了。因為聖若望會會士的會袍是灰色的，我們這一個世青團體被取了個「小灰團」的暱稱，神父們也理所當然的被稱為「小灰神父」，而我們每一位團員就都是「小灰」囉！

聖若望修會的會士們一年四季都穿著灰色會衣。

⚀ 什麼是小灰精神？ ⚀

小灰精神，就是小灰神父們度奉獻生活的方式，主要有四種，分別為「尋找真理的生活」、「兄弟愛德的生活」、「祈禱生活」，以及「傳教生活」。在這次培訓中，神父向我們介紹了這幾種生活態度，也邀請我們在朝聖之旅中，帶上這四種精神。

小灰們，一起去尋找真理吧！

「在你們當中有些人不是基督徒，那麼是什麼吸引你參加世青呢？是因為想去巴西？還是有其他原因？」高神父問我們。

「教宗邀請年輕人參加這趟旅程，不是要年輕人去看他，而是為了讓他們從旅程中，感受到耶穌的愛和召叫，尋找生命中的幸福。」高神父的話讓我想起教宗本篤十六世關於「幸福」所說的話，我承認自己是想看看巴西，但不只是旅遊因素，我也想要找到幸福。

1 | 2   1 　禮儀組的夥伴正在規劃行程中的靈修活動。
　　　　2 　聖若望修會為這次世青設計的Logo。

---

2 「玫瑰經」是《聖母聖詠》的俗稱，是由拉丁文的Rosarium而來，這個字的本意是「玫瑰花圈」或「一束玫瑰花」，今日意指一連串的禱文，如一束玫瑰花的馨香和愛情，將祈禱意向奉獻給天主及聖母瑪利亞。

培訓中的徒步朝聖。

神父繼續說：「『尋找真理的生活』是聖若望大家庭的精神之一。」他勉勵我們也要懷著這樣的精神準備接下來的旅程。

「也許幸福就在尋找真理時可以找到！」我盼望著。

分組讀經，渴望尋找真理。

小灰們，一起度兄弟愛德的生活吧！

聖若望修會的另一個核心精神就是「兄弟愛德」。會士們在彼此的生活當中，一同分享、見證基督的愛。

我們這群小灰團員，即將和彼此共同相處將近一個月的時間，也要在這段期間學習小灰神父過「兄弟愛德」的生活。

例如，在朝聖旅途中，也許有夥伴因背不動行李而越走越慢，我們可以彼此幫忙，為他分擔一些。就算沒辦法幫忙，至少可以陪在他旁邊，支持他繼續走下去。神父告訴我們，兄弟愛德的生活將是團員們在旅程中不可或缺的支持力量。

1

——

2 ｜ 3

1 到了巴西，我們將分組行動。各組組長正在討論要注意的事項。

2 中翻英的工作就由兩位幫忙囉！

3 醫療組的夥伴特別關注大家的身體狀況。

小灰們每天都有團體祈禱時間。

小灰們，一起祈禱吧！

聖若望會士每日的精神食糧，就是「默觀祈禱」，如同聖若望一樣常常和耶穌在一起。他們的祈禱生活包括每日頌唸日課（參閱頁160、283）、默禱與聖體朝拜，特別是在聖體聖事中，與耶穌完全合一。

神父向我們說明，在這趟世青旅程中，小灰團員每天都要進行早禱、午禱和晚禱，可能是在移動的交通工具上，也可能是在山上或海邊，不論外在條件有何限制，我們都要一起祈禱。雖然祈禱都是自由參加的，但高神父鼓勵大家盡量全程參與。

我原以為基督徒只要做飯前禱跟睡前祈禱就夠了，沒想到一天還要祈禱那麼多次，而且可以任選地點，經由這次的活動，我也算是開了眼界！

　　另外，神父說每天也都要參與彌撒（參閱頁163），在彌撒中聆聽聖言、學會奉獻和交託，同時向天主表達感恩與讚美。

小灰們，一起去傳福音吧！

　　傳教生活是聖若望會士的生活重心。他們平時會透過各種不同的方式進行福傳，不論是為地方教會服務，還是與各地主教合作舉辦活動，都是為了將福音精神帶給更多人。他們的傳教方式非常多樣化，包括接待避靜者、陪伴青年團體、開班授課等等。

樂團組的夥伴努力練唱中。

在安溪寮參與培訓的小灰們。

這次帶團參與世青，也是他們的福傳活動之一，除了在團體中進行福傳，也會帶領團員們共同將福音精神帶到世界各地，因此我們每一個團員也肩負著同樣的使命。

　　其實，「傳教」兩個字對我來說，是有些陌生的。把福音精神帶給更多人，是什麼意思呢？我向神父表達了這樣的困難，神父笑著說：「福音精神，就是『愛』的精神。如果我們在充滿兄弟愛德的團體生活中能夠感到幸福，也可以用同樣的方式去對待旅途中遇見的每一個人。這就是福傳。」聽起來好像不難，雖然我仍不太明白到底該怎麼做，但我很願意「把愛傳出去」，帶著小灰精神去朝聖！

　　我們一起走出去，帶著小灰精神走向巴西！

03
背包裡，
不只是行囊

在安溪寮培訓時，我們一起走向大自然。

＼ 朝聖之前的準備 ＼

經過兩次培訓，我終於明白，這次去巴西的重點不是「旅行」，而是「朝聖」。看著牆上的月曆，距離出發的時間已越來越近。我拿出培訓時的筆記本，再次回顧神父的提醒……

「世青的行程並不是一般的旅遊行程，路途中可能不會有舒適的環境，也需要徒步行走很長的路。對於過慣都市生活的我們，體力上的訓練是必要的。」於是，我買了新球鞋，決定每天都要出門慢跑，鍛鍊體力。

想起在安溪寮培訓時，我們一起走向戶外，在稻田旁邊的小徑上徒步行走，繞了一大圈再走回會院。那次經驗令我印象深刻。我記得那天飄著小雨，我們都撐著傘、邊走邊聊天，走了將近一個小時，到最後有一點累，但心情十分愉悅，有種很踏實的滿足感。

聽說小灰團是世青朝聖團中「走路」最多的團體。在這裡，我第一次聽到「徒步朝聖」這個名詞，才知道「走路」也是朝聖的過程。

我在筆記中這樣寫著：「每一天都是朝聖之旅，我們隨時都要準備與祂相遇。」

　　於是，我開始練習「挖空自己」，把一些心靈上的「垃圾」清理出來，試著騰出更多空間去感受周遭的一切，並且學習面對最真實的自己。我知道，在接下來的旅程中，一定會面臨各種困難，例如：疲憊、腳痛、水土不服，或是臨時改變行程、弄丟行李等等，這些都將幫助我們體會到自己的極限，也能清楚看見自己的情緒變化。

↘ 向天主說話，也聽天主說話 ↙

在培訓課程中，神父還提到，除了固定時間的祈禱以外，我們也可以時時刻刻在生活中祈禱，讓祈禱成為信仰生活的「呼吸」。這是我之前從來沒有想過的，原來祈禱可以像呼吸一樣自然。

除了練習常常和天主說話之外，還要練習聆聽天主的回應。記得朋友曾與我分享過，他常常在祈禱或彌撒中，因為讀到聖經中的某一句話而深受感動，他知道那就是天主在對他說話。

神父提醒我們，對於這趟旅行，我們一定會有所期待，但是他鼓勵我們可以多把期待放在「與天主相遇」上，而不是期待太多物質上的收穫。因為這是一趟不一樣的朝聖之旅，我們會在旅程中看見自己、遇見他人，也可說也是一個考驗，考驗自己是否能按照福音的教導來生活，並且去追尋「善」和追尋「真理」。這些，據神父所說，就是「行動福傳」的意義，也是「朝聖」的意義。

雖然記下了神父的教導，但我沒有朝聖過，實在無法體會那麼多，不過我想，只要跟著我的朋友一起，向他們學習，再怎麼不進入狀況，一個月之後鐵定會有所收穫的。

╳ 一個月的行李，
只能裝進一個大背包？ ╳

聖若望會帶領的世青團體，要求大家只能攜帶登山用的大背包，不希望使用行李箱，就算是有輪子的行李箱，也不建議團員攜帶。一方面是因為里約市有很多老街道都是用石頭鋪砌的，拖著笨重的行李箱很難移動；另一方面是古時候的朝聖者也是背著一個大背包就上路了，相信我們可以追隨先人的榜樣，用最簡單的心來進行這趟朝聖之旅。

於是，我們只能攜帶最精簡的行李，把一個月的「家當」全都放進大背包裡。

╳ 一場關於「離開」的練習 ╳

每次過年的時候，媽媽都會要求小孩子把房間裡不要的東西清理乾淨，以此迎接新的一年，代表一個結束與開始。這次旅行，對我們來說也是一個「開始」，不過，是一次「離開」的開始，離開我們的家，離開我們原有的習慣。

離開家一個月，需要帶多少東西？有哪些是真的需要？哪些又是可以捨去的呢？

有經驗的夥伴說，至少需要進行兩次整理。第一次先挑出想要攜帶的東西，將這些物品全部擺在地上。第二次再從中挑出「其實不需要用到的東西」，例如：太重的、太貴的、體積太大的物品，全部都要拿起來。如果剩下的行李還是太多，就再挑一次，最後大概會剩下這些：

| 背包 | 大背包（50～80升）、可摺疊的隨身小背包、貼身袋（裝錢、護照、重要證件）。 | 盥洗 | 毛巾、牙刷、牙膏、肥皂（或洗面乳、洗髮精、沐浴乳，過海關要注意相關規定）。 |

| 必備 | 護照、證件照x2（一套放身上，一套放行李）、國際醫療卡、住所地址及領隊聯絡資料、睡袋、睡墊、聖經、玫瑰念珠、雨衣、手電筒、交換用的禮物（和各國青年們交朋友）、一顆開放的心。 | 雜物 | 手錶（有鬧鐘功能的）、餐具（碗筷）、衛生紙、濕紙巾、衛生棉、垃圾袋、乾洗手、油性筆、筆記本、夾鍊帶、個人藥品（感冒、暈車、過敏、防蚊、止瀉、止痛）、雨衣、小型鎖（用來鎖住行李拉鍊）。 |

| 衣物 | 貼身衣物2套（一套穿身上，一套換洗，加上世青大會衣跟自己買的紀念衣就夠穿了）、內衣（舒適貼身）、保暖衣、防風外套、內褲、短（長）褲、舒適的鞋子1雙、襪子2雙、拖鞋（涼鞋）1雙，另可依個人情況攜帶帽子、口罩、眼罩、太陽眼鏡、圍巾。 | 公共裝備 | 收音機（收聽即時翻譯廣播）、手機、相機、萬用轉接頭、帆布（防風防雨防太陽）、國旗、旗竿、S形掛勾、尼龍繩、延長線。 |

關於交換禮物的建議：

自來水毛筆（幫外國人寫中文名字）、國旗、有台灣特色或有故事的紀念品。

今年台灣大會準備的紀念品是可摺疊的扇子及紅包袋。

只要帶這些東西就可以了。

基本原則：不要帶電器（回歸自然）、行李重量不超過20公斤

在整理行李的過程中，突然覺得古時候的朝聖者不一定很有錢，但一定有堅強的信仰，才能帶著一個背包的行李，走幾十公里的路。在路上不一定會遇到人，也不一定會有店家。一路上都是獨自一人，不知道下一餐會在哪裡。這樣的朝聖之旅充滿著危險，相較之下，我們現在幸福多了，反而是煩惱有太多東西要帶，不知道該捨棄哪些、保留哪些？

很好！
一點都不重！

行李突擊檢查

看看夥伴榆涵帶了哪些東西？

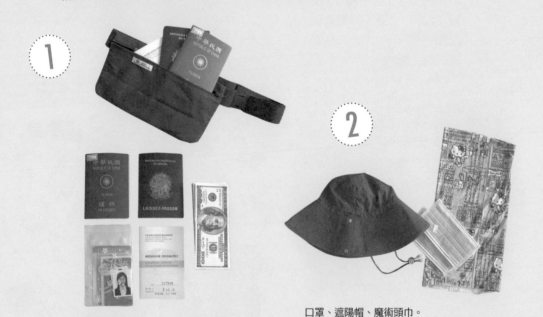

① 隨身攜帶的隱藏袋，
裡面裝有護照、簽證、證件、錢等重要物品。

② 口罩、遮陽帽、魔術頭巾。

③

雨傘、雨衣、防風外套。

④

交換用的禮物，包括：小國旗、「耶穌愛我」創意貼
紙、中國結，以及台灣大會準備的扇子和紅包袋。

⑤ 可摺疊收納袋、睡墊、睡袋、
內衣褲、換洗衣物、盥洗用具、
充電器、轉接頭、手電筒、
各類藥品、拖鞋、羽絨衣、
吸水毛巾、化粧包、濕紙巾、
生理用品、洗衣袋、襪子×3

（換洗衣物包括內搭衛生衣2件，
短褲2條，長褲2條，短袖T恤2件。）

⑥

盥洗用具包。用0號夾鍊袋分裝每
天的沐浴乳和洗髮精。

⑦

針線包、S型掛勾、曬衣夾、
指甲剪、剪刀、長尾夾。

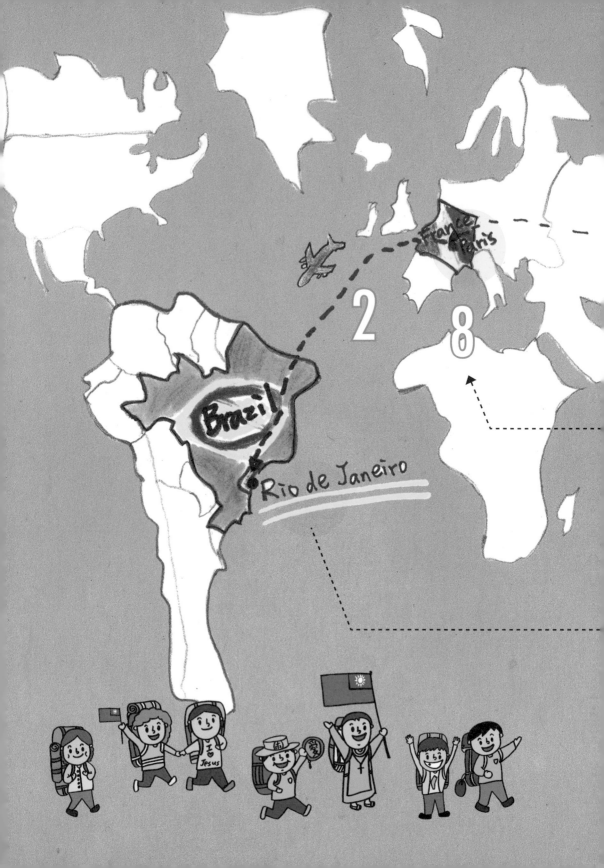

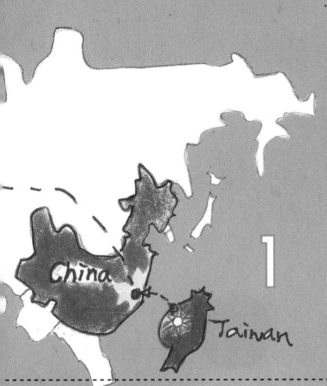

China

Taiwan

1

小灰團行程表

我們這次的行程：
1. 從台灣經上海轉機抵達巴黎，在巴黎待一天。
2. 離開巴黎，前往里約。
3. 從里約前往沃爾塔雷東達（Volta Redonda），住三個晚上。
4. 前往阿帕雷西達（Aparecida）聖母朝聖地朝聖。
5. 前往門德斯（Mendes），住六個晚上。
6. 再度前往里約，參與為期一週的世青大會。
7. 大會結束後，從里約前往彼得羅波利斯（Petropolis），住三個晚上。
8. 離開里約，前往巴黎，在巴黎待三天，第四天搭機回台。

小灰團抵達巴西後，在世青大會週之前，會先去里約附近的堂區參加當地的教區活動，住在當地的寄宿家庭，體驗不同的文化風情，並與來自其他國家的小灰團員互動、共融。在大會週之後還會前往巴黎，享受三天的自由行。

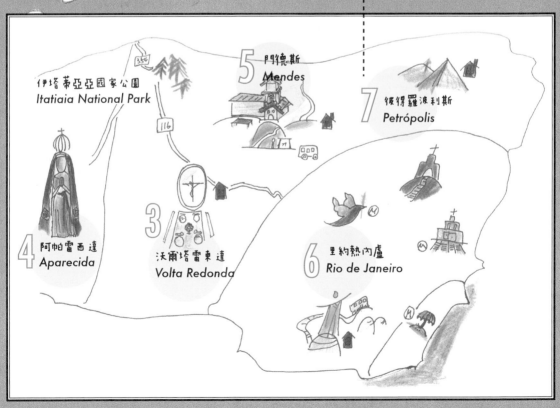

伊塔蒂亞亞國家公園
Itatiaia National Park

5 門德斯
Mendes

7 彼得羅波利斯
Petrópolis

4 阿帕雷西達
Aparecida

3 沃爾塔雷東達
Volta Redonda

6 里約熱內盧
Rio de Janeiro

PART 2

巴西，
我來了。

你們該彼此相愛，如同我愛了你們一樣。
——《若望福音》十五章12節

04

地球的另一端，是冬天

✂ 三個白天的距離 ✂

　　培訓之後，小灰們再次見面就是在台灣桃園國際機場了。到機場時，遠遠看到許多人背著可以頂到後腦勺的大背包，這一群「大海龜」要游去哪裡呢？沒錯，他們都是小灰團員！每個人一到機場，就會互問「龜殼」的重量，好像在比賽誰帶的東西比較少一樣。

天黑前，我們登上從上海飛到巴黎的飛機。

　　到了巴黎，是一個涼爽的早晨。我們在機場外跟高神父的朋友見過面，便前往聖母顯靈聖牌堂（Chapelle Notre Dame de la Médaille Miraculeuse）舉行這趟旅程中的第一場彌撒，祈禱我們的巴西朝聖之旅能有一個美好的開始。（雖然我們都因為時差而差點撐不住眼皮。）

1
—
2

1 許多原本在教堂內祈禱的人，都留下來和我們一起參加「中文」彌撒。
2 高天祐神父說：「這裡是我晉鐸後舉行第一台彌撒的教堂，也是這趟世青之旅的第一站。」

在巴黎短暫停留後，又在當晚天黑前登上飛往里約的班機。

雖然已經不是第一次坐飛機，但還是覺得很新鮮。一上飛機就拿出前面椅背上的菜單，和隔壁的人討論要點不一樣的餐點，再彼此分享，看看法航的飛機餐哪一種比較好吃。

我坐在靠走道的位子上，一路上總是睡睡醒醒，有時候是旁邊位子的人要出來上廁所，有時候是空服員推餐車經過，每經過一次就會醒來一次。

有一次醒來，走道的燈已經關掉了，電影還在播放，但是耳機早就掉在脖子上。我按出螢幕上的航程資訊，看著地圖上的小飛機，正好在大西洋的中間沿著虛線緩緩前進。我站起來，想要活動一下身體，發現飛機的窗戶都被拉了下來。大部分的人都在睡覺，只剩下幾個可能和我一樣難入眠的人，臉上映著螢幕慘白的光線，但同樣都皺著眉頭，半開的眼睛露出疲倦的眼神。

看著身旁呼呼大睡的夥伴們，我卻已經開始想家了。

又一次醒來，走道燈全開了。身邊的人陸續醒來，空服員又開始推著餐車經過。「又要吃了？還沒到啊？」有人這樣說。「快到了吧！」我順手開起小螢幕。

看著小飛機已經靠近陸地，我把手錶從巴黎時間調整到巴西時間。很難相信我正在三萬英呎的高空中，繞著地球超過半圈，想著「現在台灣應該是幾點？平常這時我在做些什麼？」明明前一天才剛從台灣出發，在巴黎經過一天，在太陽下山之前又搭上前往里約的班機。好像我們不停的追趕著太陽，渴望可以再多擁有一天。

坐在窗邊的人把窗戶往上拉起，早晨的陽光直直射進來，這時才真的有天亮的感覺。當飛機著地後，飛機上的外國乘客都大聲歡呼起來！

（後來才知道，法航的AF-442這條航線幾年前曾經發生空難……天主保佑！）

☒ 終於到了：地球的另一端 ☒

2部電影、3份飛機餐、11小時、9168公里、數不清的睡睡醒醒。

來到里約國際機場，明顯感覺走道比台灣或巴黎的機場還小。又一次的入關手續，看到長長的人龍，幾乎都是要來參加世界青年日的人，中間夾雜幾個旅客。

領隊要大家傳話到後面：把紅皮（巴西簽證）跟綠皮（台灣護照）的證件拿出來；從這邊開始就要把小背包背在前面；不要讓行李離開視線；後面的人幫忙看著前面夥伴的行李……

雖然有了在法國過海關的經驗，但現在要再次過海關還是有些擔心。如果答不出海關問的問題，或者聽不懂帶有口音的英文怎麼辦？我回頭看看，大家似乎也都有點緊張。

里約國際機場，似乎要被朝聖者擠爆了。

在里約機場遇到其他國家的青年，我們都非常興奮。（左邊是委內瑞拉的國旗。）

巴西的天空、巴西的遊覽車、疲累的我們。

　　還好我們都順利通過了。這時，巴士已經在機場大廳的門口等著我們，我們熟練的把行李從推車上拿到巴士的底層，堆滿整個行李艙，再一次上車，前往下一個目的地。

　　一直轉乘交通工具、把行李上上下下的結果，就是大家一上車就昏昏欲睡。離開機場的快速道路後，我拉開窗簾，看著窗外從柏油路變成磚頭路，也越來越窄，剩下一台巴士勉強可以通過的寬度。兩旁映入眼簾的是土黃色的平房，都只有一層樓或兩層樓，有一些招牌看起來像是商店，其他都是一般的住

家。路人們好奇地往巴士裡頭看，好像這裡很少有巴士經過一樣。不知道大家是不是都有跟我一樣的感覺：「這就是里約嗎？里約到了嗎？」

　　下車之後，發現有兩個身上帶著長槍的警察。他們在車子旁邊走來走去，四處張望，似乎是來確認我們的安全。這裡的治安有那麼差嗎？

⟋ 通往天國的階梯 ⟍

　　我們和另外一車的法國青年們一起，來到一座教堂底下。他們
的領隊神父是巴西人，是個黑人。他開始用法文說明這座教堂的歷
史，高神父在旁邊用中文翻譯給我們聽：

　　這間教堂——佩尼亞區的聖母聖殿（Igreja de Nossa Senhora
da Penha）——位於里約北部佩尼亞區的山丘（一塊大石頭）上。
「佩尼亞」（Penha）在葡萄牙文中，是「海邊山岩」的意思。

　　要走到山丘上的教堂，必須先爬一段不算短的階梯才能到
達。神父說，在1817年，有一對夫婦，太太瑪莉亞（Mrs. Maria
Barbosa）要先生帶她上山，去祈求聖母媽媽向上主代禱，讓他們

巴西神父用法文介紹教堂歷史，高神父翻譯成中文。

有個孩子，因為他們結婚多年，卻一直都沒有孩子。她到了教堂後，在聖母像前祈求說，若是可以讓他們有個兒子，他們願意在堅硬的花崗岩壁上刻出階梯，讓更多人可以前來這裡祈禱。隔年，她竟然真的懷孕了！為了還願，這教友夫婦便在山丘上蓋了階梯。階梯在1819年完工，總共有382階。後來更增加了纜車，讓行動不便的人或是老人家也能夠前往教堂。

雖然現在是巴西的冬天，但是白天的溫度還是有攝氏28度到30度左右！光是在太陽底下坐著，就已經感覺到額頭開始冒汗。

聽完神父的講解，我們便開始爬上那段長長的階梯。有的人爬得很快，邊數著階梯，一下子就登頂了。有的人在半路上停下來休息，順便看看山下的景色。這座山幾乎位於舊城區的中間，站在階梯上就可以看到整座城市，也能看見遠方的海岸線和港口的建築。仰頭看著上方教堂塔尖的十字架，映著藍色的天空，想到腳下的階梯是源於對新生命的感謝，心中感動不已。

我想像著教堂的鐘聲響起，傳到山腳下的各個角落，提醒著人們天主一直都在。

1 1 階梯開始的地方，有牌子說明當天舉行彌
一 撒的時間（早上八點）。
2 2 聖母聖殿前的階梯。許多朝聖者會用膝蓋
「跪」上階梯，來傾訴他們的渴求。

╳ 上帝之城 ╳

爬上樓梯之後，早已汗流浹背，卻不得其門而入，這才發現我們是在教堂的背面。於是繞了一圈，終於看見教堂正面，與兩邊高聳的鐘塔。

先上來的夥伴說：「等一下在教堂有彌撒，我們可以先休息一下。」

趁這個短暫的休息時間，我又繞了教堂一圈，想要找山上的基督像，卻沒有找到。

教堂所在的山丘四周是一大片土黃色的平房，遠方的海港散佈著工廠的煙囪，就像是從台灣的高樓上往市區看的景色一樣，只是沒有綠色的水田，房子上也沒有水塔。另一面的遠方是山，沒有看到類似基督像的蹤影。「也許在山的另一邊吧！」我自己暗自想著。

遠方的海港散佈著工廠的煙囪，跟台灣的風景頗為類似。

繞了一圈才看到教堂的正面。

休息過後，我們走進教堂，映入眼簾的是祭壇中央穿著藍色衣服的聖母瑪利亞。教堂不是很大，裡面大概只能容納50個人。當時是早上十點多，陽光透過大門上方的彩色玻璃照了進來，玻璃上的顏色從窗框流到教堂裡白色的牆上，教堂內牆上的裝飾大多是用和聖母瑪利亞衣服一樣的淺藍色，接近粉藍色；天花板是粉藍色的牆面，以白色浮雕裝飾，祭壇上則充滿金色的裝飾，相較於教堂外觀與周遭的市區，顯得華麗許多。

　　面對著眼前平和安詳的宗教景象，我突然有種很深的衝突感。我想起幾年前曾看過一部電影──《無法無天》（片名原是葡萄牙文：*Cidade de*

佩尼亞聖殿內華麗的祭台。

與法國小灰一起，參與在巴西的第一台彌撒。

Deus，意思是上帝之城），內容描述里約熱內盧的貧民窟裡，青年們深陷在毒品與槍枝暴力的迴圈中。在這裡，殺人與被殺都是稀鬆平常的事情，似乎可以了解剛剛兩個警察為什麼要在車子旁邊巡邏了。而另外一個對於里約的印象，是電影《玩命關頭5》（Fast & Furious 5）裡在都市叢林競速的畫面。在來到巴西之前就一直在想，究竟這個貧民窟與高樓大廈並存的都市，到底是什麼樣子呢？

我們和法國青年們在教堂裡舉行了巴西的第一台彌撒。彌撒是用法語進行的，但是講道理的時候，高神父用的是中文。

彌撒中神父們專心的樣子。

神父首先恭喜我們終於踏上巴西的土地，開始這場朝聖之旅。耶穌的門徒們當初也是離開自己的家鄉，跟隨耶穌去宣講福音……之後神父到底講了些什麼，我沒有很仔細去聽。因為教堂內的氣氛，讓我的心慢慢地沉澱下來，回想起剛出發時的緊張、不安，到現在終於抵達巴西；從很熱的夏天，來到很熱的冬天；從北半球，來到地球另一邊的南半球。我轉頭看著身邊的夥伴，想起那最初的邀請、家人的反對與後來的支持、學校經費申請的經過、和曾經鼓勵我的朋友們，對於使我能來到巴西的所有一切，內心充滿感謝！

　　我劃了聖號，靜靜看著十字架前方的聖母像，禱告著，希望聖母媽媽能給我一顆透明的心，來接受這趟旅程中的考驗與驚喜。

彌撒結束後。往下走總是比較輕鬆。

🇧🇷 巴西小筆記

天氣

　　巴西位於南半球，6～8月是當地的冬季。因為緯度較低，靠近赤道，大部分地區一整年的氣候只會有些微的變化，大致上就是分為「熱」跟「很熱」。夏天的平均氣溫至少都有30°C以上，其他時候也都有20～30°C左右。今年（西元2013年）里約的冬天比往年都冷一些，降雨量也比較多。日夜溫差大。

歷史

　　巴西有文字記載的歷史，是在西元1500年4月22日葡萄牙航海家佩德羅‧卡布拉爾（Pedro Álvares Cabral）發現巴西後才開始。之後成為葡萄牙的殖民地，一直到1822年9月7日巴西獨立，成立巴西帝國。1889年，巴西爆發軍事政變，由君主立憲政體轉為共和政體。廿世紀經歷軍事獨裁統治，直至1989年總統直選後，巴西政府走向民主政治至今。

民族

　　巴西的移民史使得巴西民族非常複雜，原住民、葡萄牙、義大利、非洲、亞洲移民的後裔，不同的膚色和文化讓巴西社會豐富多元。

官方語言

葡萄牙語。

05

基督擁抱的城市，里約

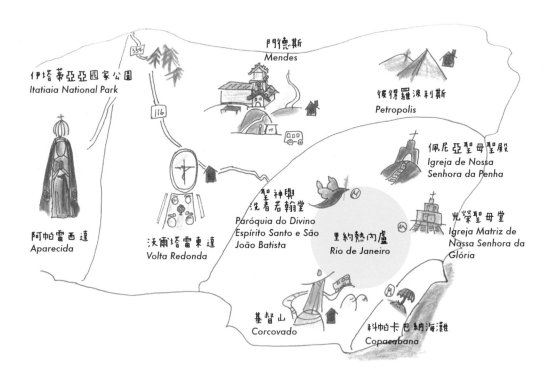

★ 為說明小灰活動地點的相對位置，將各點距離拉近表示。此圖與實際比例不符。

╲ 里約的另一面 ╲

告別山丘上的小教堂，我們再度搭上巴士，準備去看夢寐以求的基督像（Cristo Redentor）。

馬路越來越寬，路上的車子也漸漸變多。巴西人的熱情似乎也反映在開車上面，好像在跳舞一樣，車與車之間總喜歡貼得非常近、非常近，然後按幾下喇叭，跟打招呼一樣。每次都以為巴士就要撞上前面那台車，好險，老天眷顧著我們。

從石磚路開始變成柏油路之後，兩旁的樓房也越來越高。經過高架橋和地下道，就像全世界的大都市那樣，車子被塞在每個路口的車流中。捨不得的拉開車上的窗簾，讓陽光狠狠的曬在身上。人行道上有些穿著上班族套裝的男人，頂著油亮的髮型，拿著手提箱快步走著。有人打赤膊騎著腳踏車，也有些人穿著洋裝或背心、短褲，手裡拿著地圖，站在路口張望，看起來就和我們一樣是外來的觀光客。要不是路標跟招牌上都寫著葡萄牙文，這般的都市景象，不禁讓人有種時空錯置、回到台灣市區的感覺。

「里約市區到了。啊！看到海了！」車裡有人這樣說著。

來到里約市區，看到了海。

✕ 團體的約定 ✕

上車後不久，高神父開始跟我們叮嚀之後在巴西都要注意的一些約定。

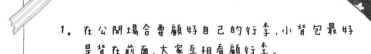

1. 在公開場合要顧好自己的行李，小背包最好是背在前面，大家互相看顧行李。

2. 這段時間會有很多搭乘交通工具的機會，上車前都要檢查身上的重要證件。

3. 上車後，各組長清點人數，回報給領隊。

4. 有任何不舒服先跟組長反應，組長要常關心組員，再跟領隊說。

5. 團體每到一個地點，解散前，都會先公佈下一次集合的時間、地點。

6. 組長要以小組為單位，不能讓組員單獨行動。

7. 一定要遵守集合時間的約定，不要浪費團體的時間。

8. …………

高神父的口氣很嚴肅，想讓我們知道這些事情很重要，這是為了保護大家在旅程中可以平安度過各種突發狀況，並且讓團體行程順利進行。但是大家看起來似乎漫不經心，不知道以後會不會發生什麼事……

「好，我們來午禱吧！」

於是我們把握時間，在車上一起做日課的午禱。

---

1 小灰團每天都會有祈禱時間，參閱頁160、283。

╲ 里約也有小火車 ╲

車子來到一間教堂前面停了下來。（是的，又是一個教堂。）

「我們要搭小火車上去」高神父跟大家說。原來，要上到基督像那邊，還需要搭一段小火車。那間教堂的對面就是火車站。

我們到那裡的時候已經有很多人在外面排隊，都快要排到馬路上了。高神父說，還好我們提前一個多禮拜到巴西，不然等到世青大會期間，排隊的人可能就更多了。光是來回一趟小火車，就要46黑奧（Real，巴西貨幣），換算成台幣幾乎快要600元！雖然覺得很貴，有點心痛，但是這些花費都包含在團費裡了，怎麼可能有不去的道理呢？大概等了一小時左右，終於輪到我們上山了。

基督山的門票價位標示。

小火車的入口處擠滿了人。

車站門口的小型基督像。

到巴西的第一天就大排長龍。

車廂總共有四節，我們台灣小灰團「佔領」了最後一節。在車廂裡，大家好像都忘了前幾天的舟車勞頓，紛紛興奮的拍照，畢竟這是第一次只有我們的團體獨處在一個空間內，大聲講中文也不怕有人轉過頭來看我們。Lily站在車廂前頭很努力的想要用單眼自拍，把所有人都拍進去。

里約的小火車有點像阿里山小火車那樣，不同的是，它是一直線往上開，而且蠻陡的。車門是手動開關的，沒有關上也沒關係。車窗很大，只有下面三分之一有透明玻璃，所以除了可以看到外面的風景，山上涼爽的風也可以吹進來。我坐在最旁邊的座位，發現山坡上的植物跟台灣山上看到的其實很像，甚至也有竹林。

前往基督山的門票，有幾款不同的樣式。

葡文、英文、西文的「歡迎」。

我們佔領了一節車廂，準備上山囉！

不知道是不是因為就快要看到久違的基督像，大家都很有精神，開心的討論山上的風景，完全忘了我們三天沒有洗澡這件事。

　　搭小火車上去的時間大概20至30分鐘，中間在半山腰的地方還會停一次，讓開車上來的人將車子停在停車場後，再搭小火車上去。

　　到了山頂車站，拿著車票票根通過票口，就可以前往基督像腳下了！

坐在小火車上，心中充滿期待。

從小火車上往外看。

╳ 擁抱里約的救贖基督像 （Cristo Redentor） ╳

在票口處可以選擇坐電梯或是爬樓梯，抵達最高處的平台。電梯口自然又是一條長長的人龍，年輕人們自當是往樓梯口衝囉！爬了幾段樓梯之後，看到的風景漸漸開闊起來。

終於到了！快要到平台的最後幾段階梯時，我們幾個幾乎是邊尖叫邊衝上階梯！

終於快到了！

耶！大家趕快過來拍照！

基督像底下擠滿了瘋狂拍照的人們。

　　原來從底下仰望基督像是這樣啊……我抬頭看了好久，才想到要拍照，畢竟從這個角度看基督像很不容易！平台上其實有點擁擠，大家都為了要找個好角度，以各式各樣的姿勢取景，下腰、蹲下，有的索性躺在地上。

　　從平台上往外面看，南邊是里約新市區，可以看到與基督像一樣著名的麵包山（Pão de Açúcar）和美麗的海灣，四周坐落著一叢叢白色的高樓大廈；往北邊看過去，就是早上經過的舊城區，相較之下比較灰暗。基督像的雙臂向兩邊伸展，像是擁抱著這片土地上所有的人，不管是貧窮的或富有的、先來的或後來的，通通都看顧著。

我抬起頭，看著這好高、好大的基督像。

　　基督像的表情也不像在十字架上那樣痛苦，多了一點平靜，多了一點安慰。但他看向遠方，更像是面對著全人類，看著更遠的每個角落。我忽然想起這次世青的主題：「你們去使萬民成為門徒。」

　　從聖地出發的門徒們，經過兩千年之後，不但將福音傳到了巴西，也傳到了台灣。到底是什麼樣的力量，支持著他們不畏艱難的前往未知的地區呢？

╲ 黑色的聖母像 ╱

　　我繞了基督像一圈，發現在基座的後方有一個入口，裡面是一間小聖堂。聖堂內的祭壇上有一個當地著名的阿帕雷西達聖母像（Nossa Senhora Aparecida，參閱頁114。），最特別的是，這是一座很小的、跟手掌差不多大的、黑色的聖母像。在那個小聖堂內，只能塞進大概最多六、七個人，最前面有兩個人跪著，閉著眼睛，很專心的祈禱著。

　　我也坐了下來，閉上眼睛。

　　我想起聖經上關於瑪利亞的事蹟。她為了天主的重要計劃，願意奉獻自己，產下耶穌，完成救贖世人的工作，就像眼前的這個聖母像，靜靜地安居在龐大基督像底下的一個小角落，以她小小的身軀，在最底下默默的支持著祂。據說在天主教的教堂內，幾乎都可以看到耶穌像，和他的母親瑪利亞的聖像，我想以她對耶穌救贖世人的支持，會在教堂中看到她的雕像也是可想而知。有時也可以看到其他聖人的雕像，也許這其中又有別的故事了。

從基督像基座的後方入口進去，裡面是個小聖堂。

下山途中，小灰修士靜靜的寫著明信片。

黑色的聖母像。

今天看到兩個聖母像。早上在山丘上的教堂（佩尼亞聖母聖殿），看到披藍色外衣的聖母像，而下午的聖母像披著華麗的披風，膚色還是黑色的。她們都是聖母，雖然穿的衣服和顏色非常不一樣，但是都能帶給人溫暖、穩重的感覺，讓我印象深刻。

下山後，再度搭上巴士，要前往晚上接待我們的堂區──沃爾塔雷東達（Volta Redonda）。

車子開進一個隧道之後，大家都睡著了，睡得很沉，很沉。

耶穌，無所不在！

大家都搶著和耶穌合照，超級開心！

拍照的人必須使出渾身解數，才有辦法取到景。

巴西的貨幣-----Real (黑奧/雷亞爾):

在台灣沒辦法到銀行直接把台幣換成黑奧,通常都是先在台灣或機場,將台幣換成美元現金,或是旅行支票,再到巴西機場、銀行或當地的貨幣兌換處兌換成黑奧。銀行兌換手續較複雜,但是匯率較好(巴西銀行對每次的旅行支票交易收取20美元的手續費)。現金的匯率通常比旅行支票好1%~2%。

當時(2013年)匯率換算大約是1 Real = N.T.13左右。

基督像(Cristo Redentor):

坐落在里約以熱帶雨林著名的蒂茹卡國家公園(Parque Nacional Da TIJUCA)內,駝背山(Corcovado)上,開放時間為8:00~19:00,開放時間會依季節作調整。入口處位於里約南邊的Cosme Velho區,搭乘纜車的車站(Estação do trem do Corcovado)就位於此區主街道上(Rua Cosme Velho)。

前往Cosme Velho:

搭乘捷運至馬查多廣場站(Largo do Machado),於出口處轉乘往Cosme Velho的公車。Cosme Velho為許多公車路線的終點站,所以會有很多班次經過。

here

前往基督像的交通方式

1 自行開車：建議需持國際駕照，山路坡度很陡需小心駕駛。

2 搭小火車：營業時間為週一到週日，上午8點至下午7點（時間依季節調整），每半小時一班；成人票價為46 黑奧。為杜絕野雞車和旅行社喊價，現在只能透過網路購票www.corcovado.com.br，現場購票只限在市中心里約觀光局服務站或彩券行購買。

3 開車到半山腰，轉搭小火車。

4 小巴士：從纜車搭乘處往上走，經過巴士站之後，會看到一個高架橋，橋下有許多小巴士等著載人上山，分半日遊或一日遊，價格不固定。

5 步行：路程約兩小時。天黑後建議不要步行上下山，路上照明不佳，有安全上的顧慮。

6 搭直升機：山上有一個專屬直升機降落的平台，價位依繞行的區域從一百多塊到將近一千塊黑奧不等。

06

在巴西的第一個家

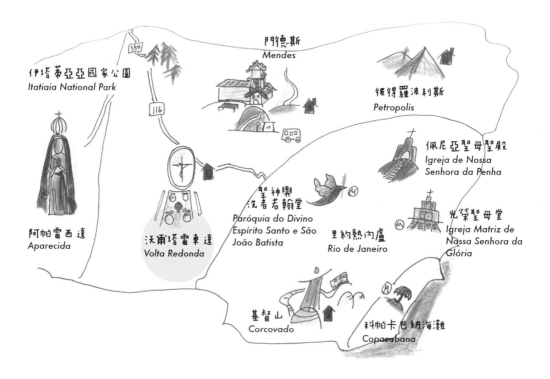

★ 為說明小灰活動地點的相對位置,將各點距離拉近表示。此圖與實際比例不符。

╲ 巴西的家人 ╱

　　到了沃爾塔雷東達接待我們的堂區時，已經是晚上十一點了。

　　附近看起來是住宅區，好像早上看到的舊城區，雖然路還是柏油路，卻只剩下一台巴士的寬度。車子就停在路口，我們把行李從車上搬下來。晚上開始比較冷一些，大概只有18、19度，許多人把薄外套拿出來穿上。外面很安靜，除了路燈之外，只剩下轉角那棟房子的燈還亮著。房子前面的庭院放了一些桌椅，旁邊欄杆上有一些氣球佈置，有許多人在那邊，看起來大部分都是40、50歲左右，還有一些小朋友。他們看來也有點疲倦，但一看到我們走進來，臉上的倦容變成了微笑；他們拿起幾張紙，上面印著兩個人或三個人的英文名字（護照上英文名字的拼音），開始拍手、彈著吉他唱歌，指引著我們進去。

　　原來那就是洛雷托聖母堂，以及迎接我們的寄宿家庭，他們為我們準備了晚餐。

　　我們被引導著去拿盤子、湯匙，排隊領餐，之後，找位子坐下來。那種桌

從巴士上，遠遠就看到他們站在教堂圍牆邊等待我們，手中的紙上寫著我們名字的英文拼音。

椅有點像在幼稚園那樣，每個位子的桌
上都放著一朵他們親手做的小花，上面
寫著每個人的名字。當然，用的也是護
照上的英文名字。當下其實有點尷尬，
因為我們以為他們都要站在旁邊看著我
們吃，似乎沒有要一起吃的樣子。原
來，他們是要等到我們都拿完之後，才
開始去拿餐點，坐下來和我們一起吃。

**據說他們從晚餐時間就一直等著我
們，他們自己也沒有吃，一直等到我們
來。**

晚餐是熱熱的湯麵、黑豆飯
（Feijoada）跟很甜很甜的蛋糕。看到
熱騰騰的晚餐，一股溫熱的感覺開始在
我眼眶裡打轉。我感覺到他們雖然很想
跟我們講話，但是又知道語言不同沒辦
法溝通，就只能用熱切的眼神和豐富的
手勢，要我們趕快坐下吃飯。看著我
們，他們像是看到一群餓壞了的小朋友
們：三天沒有洗澡（也許有的人還沒有
換過上衣？）、一頭剛睡醒亂翹又油亮
的頭髮，除了飛機餐之外只有吃一些麵
包，可以說是非常狼狽的樣子。

等到大家都領完餐，高神父便帶著
大家做了一個簡單的餐前禱。開動囉！

餐桌上放著一朵朵小花，上面也有我們的
名字。

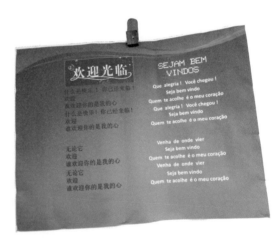

他們唱著這首歌歡迎我們，海報上還貼
心的印了簡體中文歌詞，雖然他們分不
出簡體和繁體的區別。

接待我們的堂區準備熱食迎接我們的到來。

✕ 堂區的主保 ── 洛雷托聖母
Our Lady of Loreto ✕

吃完飯後，我們一起進到教堂內。祭壇上方也
是耶穌的十字架跟聖像，一邊是耶穌的父親聖若
瑟，另一邊是聖母瑪利亞。但是這個聖母像又是不
一樣的了，她抱著小耶穌，披著白色的披風，上面
點綴著不同顏色的色塊，是「洛雷托聖母」，飛行
者的主保。

神父跟我們介紹說，根據古老的傳說以及考
證，在西元十三世紀末，聖母瑪利亞在納匝肋
（Nazareth）的居所被一群天使輾轉搬遷至義大
利的洛雷托（Loreto）。於是，教會便比照聖母在
納匝肋的故居，在洛雷托修建了一座聖屋[1]。由於
經歷了神奇的「搬遷」事蹟，洛雷托聖母成為義大
利的空軍主保，瞻禮日（特別舉行彌撒的節日、慶
日、紀念日）是每年的12月10日。

教堂裡的洛雷托聖母像。

教堂內部。

不過，洛雷托聖母像為什麼是黑色的呢？原來，當時的聖像是由西洋松雕刻而成，後來經過蠟燭和油燈的長期煙燻，隨著時間的流逝就漸漸被燻黑了。之後，聖像在一場大火中遭到焚毀，雕塑家便將新的聖母像和耶穌像都漆成黑色。

✕ 寄宿家庭（*Home stay*）✕

當地神父簡單自我介紹之後，就開始幫大家找到自己的「轟爸」（Home Dad）、「轟媽」（Home Mom）。（之後的行程中，幾乎都是當地人把葡萄牙語譯成法語或英語，神父再翻譯給我們聽，呈現一種緩慢、但是必要的溝通過程。）

今晚多了四個女兒的可愛轟媽。

每個寄宿家庭都會拿到一張紙，上面寫著被分配到他們家的團員名字。和我被分配到同一個寄宿家庭的還有軒宇跟應奎。和「轟爸」、「轟媽」一見面，他們立刻給每個人一個熱情的擁抱。爸爸試著唸出我們名字的英文拼音，但似乎英文對他們來說也很不容易。他指著自己說「Fernando（費南多）」、指著媽媽說「Carmeno（卡門）」，又指著他們兩個說「Papa、Mama」，接著做出拿行李的樣子，說「Home? Now? OK?」

---

1 教宗若望保祿二世曾在文告中提到，「義大利的洛雷托聖屋是國際上第一座奉獻給童貞聖母的聖殿，和敬禮聖母的真正中心」，因為這裡是天使向聖母瑪利亞報喜的地方。

從此刻起，我們成為一家人，在教堂裡拍照留念。

我們三個從頭到尾只能一直點頭、傻笑，說「OK! OK!」。

費南多和卡門，啊！連名字都那麼熱情。

雖然他們家離教堂很近，走路不到三分鐘就到了。但是一路上，卡門看著我們都背著高過頭的登山背包，一邊跟費南多說些什麼，還一邊大笑著對我們比大拇指，一直笑到回家。我想大概是說些「這群小夥子怎麼那麼厲害」之類的話吧！

路上兩邊的房子都只有一層樓或二層樓，幾乎每一家外面都有鐵柵欄，少數幾間只有矮籬笆，屋子相對看起來也比較舊。我們睡的房間不大，剛好可以放一張床跟兩張床墊。卡門指著女兒娜塔夏（Natasha）的相片說，這是他們女兒的房間；他們有兩個小孩，兒子法比諾（Fabiano）的房間在隔壁。她的眼睛很紅，看起來很累，為我們介紹住的房間跟浴室後，就比著睡覺的樣子說她要去睡了。我們用剛剛在車上學的葡萄牙文，跟她說「Obrigado! Bon noite!（謝謝，晚安。）」她很開心的笑了，也和我們道晚安。

這是我們相遇的第一刻，既緊張又興奮的瞬間。

夥伴們和轟爸轟媽相認的溫馨畫面。　　　　我們拍他們，他們也愛拍我們。

╳ 晚安，巴西！ ╳

　　進入房間後，我們一邊討論這
幾天要怎麼問「轟爸」、「轟媽」
有沒有洗衣機，一邊迅速的把房間
弄成男生宿舍該有的樣子：地板鋪
滿雜物，到處吊著衣服。接著三個
人輪流去洗澡，把這三天的疲憊全
部沖掉。等我洗完澡回來，燈還沒
關，就已經聽到打呼聲了。

　　三個白天的距離實在太長了。

　　晚安，巴西。

轟爸轟媽的貼心小紙條，看他們把中文寫得多麼工整。

🇧🇷 巴西小筆記

巴西的食物

　　巴西傳統食物黑豆飯（Feijoada），主要是由米飯、黑豆和樹薯粉製成，其他依照各人口味會加上生菜跟水果。米飯會先炒過，在巴西吃到的米飯通常都是粒粒分明的那種。黑豆其實是黑豆泥，是用黑豆、豬肉、豬的內臟（豬腸）去熬煮的，吃起來有點像鹹的紅豆湯。黑豆飯又叫做黑奴飯，因為以前還有奴隸制度的時候，奴隸主會把豬身上他們不吃的部位：豬耳、豬皮、豬腳、豬尾巴、內臟，全部和黑豆煮在一起，拌著白飯給自己的黑奴吃。這道菜營養價值其實很高，後來漸漸被大家所接受，豬內臟、豬皮、豬耳的部分有些人會以豬肉替代，風味不減。

手勢

　　一般用手比OK的手勢（食指碰拇指，另外三指打開），在巴西是暗示同性戀的意思。所以在巴西說OK的時候，通常都是伸出大拇指，跟Facebook的「讚」一樣。

熱水器

　　家庭用的熱水器，大部分都是外接式電熱水器，直接裝在蓮蓬頭上面。我猜想可能是因為巴西天氣普遍很熱，熱水用量沒有那麼大，洗溫水就已經夠用了。

馬桶

　　跟台灣一樣，衛生紙不能丟進馬桶，會在旁邊擺一個垃圾桶。

07

沃爾塔雷東達
Volta Redonda

★ 為說明小灰活動地點的相對位置,將各點距離拉近表示。此圖與實際比例不符。

✂ *Bom Dia*（早安）!!! ✂

一大早醒來，張開眼睛，想著我現在人在哪裡？看著天花板幾秒鐘後，才想到我們經過遙遠的旅途終於來到巴西，住在當地的一個寄宿家庭裡。我們趕快把小背包整理好，下樓去吃早餐。

卡門一家人早就在餐廳裡坐定位了，看到我們下來，便連聲說早安。桌上擺著幾張紙，她拿起一張給我們看，上面寫著：「早安，睡得好嗎？」然後用一連串聽不懂的葡萄牙語問我們，我們連忙一邊比著睡覺的樣子，然後比大拇指，一邊說：「Sim（是）！Sim（是）！Bom（好）！」她滿意的笑了，便要我們坐下吃早餐。

看著他們準備的其他紙，上面寫著「歡迎」、「喝茶或咖啡？」我的眼眶又濕了，心裡覺得很感動。為了我們的到來，他們準備了這麼多，也知道可能會有溝通上的困難，便用電腦找了中文翻譯，印出來給我們看。他們不了解繁體字和簡體字之間的差異，我們一時之間也很難解釋台灣跟中國之間的關係，況且沒有共通的語言，難上加難。

夥伴們分別在家享用美味可口的「甜」蜜早餐。

費南多是退休老師，卡門在公家機關工作，他們兩個一動一靜。卡門很熱情的招呼我們，總是詢問費南多的意見，這時費南多就會點點頭，去拿卡門需要的東西給她。

　　他們的兒子法比諾也跟我們同桌吃飯，手裡拿著翻譯機，吃到一半好像想到什麼似的，就低頭按著翻譯機，將葡萄牙文翻譯成中文，用像機器人般的聲音，一個字一個字唸出來：「我—的—母—親—很—期—待—你—們—來—準—備—很—多—好—吃—的—食—物。」然後挑著眉毛，露出微笑。在那個時候，我覺得我們之間已經沒有距離了。

　　費南多沒有多說話，只是一直微笑著。

　　吃完飯後，費南多開車帶我們去一個公園，大家在那邊集合，要去一個音樂廳看當地交響樂團與青少年合唱團（Banda de Concerto e Coro Infanto-Juvenil de Volta Redonda）專門為世青朝聖者所準備的表演。

　　回來之後，我跟他說我很喜歡其中一首歌，叫做《Pastorinhas》（牧羊女）。他便要我等一下，從後面的房間裡拿出一把吉他，坐在客廳自彈自唱起來。

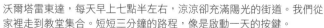
沃爾塔雷東達，每天早上七點半左右，涼涼卻充滿陽光的街道。我們從家裡走到教堂集合。短短三分鐘的路程，像是啟動一天的按鍵。

費南多是個高大的男人，留著白色的小鬍子，不說話的時候看起來很嚴肅，但說起話來慢慢的、非常溫柔。看他彈起吉他非常沉醉的樣子，我也跟著他一起唱著。

　　他帶我到他的工作室，用電腦把這首歌的譜印出來，還有歌詞跟中文翻譯。他問我有沒有USB，我說沒有，他竟然從旁邊拿了一個新的隨身碟給我，還順便在網路上找了幾個版本的曲子錄進去。他說他最喜歡的是DALVA DE OLIVEIRA的版本。聽著不同的版本，雖然這首歌的曲調有種哀傷的感覺，但我們都笑得很開心。

　　原來我們也有共通的語言：音樂跟微笑。

╲ 伊塔蒂亞亞國家公園（*Itatiaia National Park*）╲

　　今天我們要前往伊塔蒂亞亞國家公園，這個公園位在里約熱內盧州的邊界處，是曼蒂凱拉山（Mantiqueira）的一部分，以熱帶雨林、豐富的動植物與山林間的瀑布景色著名。早上出門前，卡門塞了一大堆零食給我們。

　　在巴士上，我們像是小學生去郊遊一樣，分享著不同寄宿家庭的食物。到了國家公園的入口處，我們先在草地上用完午餐，才出發上山。

沿途在巴士上看到的風光。

這天早上，我們在教堂集合，準備搭遊覽車前往伊塔蒂亞亞國家公園。

出發前，高神父邀請我們先保持靜默，獨自走一段路，將耳朵跟眼睛打開，注意聆聽周遭的聲音，也打開我們的心，跟我們信仰的神——天主說話。

走在山林間，陽光從樹梢間灑下，山上的空氣也比都市清新得多。巴西位於熱帶與亞熱帶之間，和台灣的氣候很像，石子路旁的蕨類跟竹林讓來台灣的我們感到格外親切。要不是一路上不時有人開車經過，大聲的跟我們打招呼，喊聲「Ola！（哈囉）」，還真的會讓人以為是在台灣的哪座山上呢！

悠閒的爬山、聊天。

森林風景，是不是和台灣很像？

✕ 意外的訪客 ✕

　　走了一段路之後，大家也口渴了。有人拿起水壺喝水，有人拿出剛剛發的橘子來吃。

　　「有猴子耶！」

　　幾隻猴子攀在樹上，毫不怕人的伸手要東西吃。大家紛紛拿出相機拍照，還有人把橘子剝好，拿給猴子吃。還有一隻猴子跳到馬路中央向人要食物。

　　「這些猴子應該是已經習慣有遊客拿食物給他們吃，才會和我們這麼接近」。後來有人說：「不要餵猴子，這樣會讓他們養成壞習慣，失去野外求生的能力。另外，被抓傷的話，可是要被抓去打預防針的，這樣會影響到團體的行程。」大家這才繼續往前走。

完全不怕人
的猴子。

✕ 來自台灣的加油聲 ✕

　　在台灣爬山的時候，如果遇到登山的人，不管是上山或是下山，都會打聲招呼，互相加油打氣。這個登山客的「禮節」似乎全世界都通用，在巴西也是一樣。我們路上遇到下山的人，就會熱情的跟他們招手，大聲地說「Ola！」（打招呼語）有時還會有人用英文問我們從哪裡來？我們就會很開心的回答「Taiwan！」順便拿起隨身攜帶的小國旗給他們看，希望他們不會誤以為是泰國（Thailand）。

突然，有一台黑色的廂型車從後面追上來，在後面的人便大喊：「有車喔！」提醒前面的人小心後方來的車子，盡量靠路邊走。這台車經過我們之後，突然停車，把車窗搖了下來。我心裡那個「巴西治安很亂」的印象，突然鮮明了起來，緊張的看著那個打開的車窗。

　　「你們是從台灣來的嗎？」竟然是中文！

　　原來，他們是來巴西開商務會議的台灣人，看到我們背包上的國旗，才敢跟我們相認。簡單打聲招呼，跟我們說聲加油後，便繼續往前走了。

「台灣來的嗎？」他鄉遇故知，格外親切。

╲ 年加修女 ╱

　　小灰團裡有一位來自彰化的張年加修女，她說她的膝蓋不好，怕會走很慢，我們幾個人便自願陪著修女一起走，幫她拿行李。一開始的時候，大家都走在一起，後來逐漸依腳程快慢分成幾個團體。直到最後，前面的人也在轉彎處消失了。

　　一路上，修女跟我們分享上一次參加世青小灰團的經驗。上一屆的世青（2011年）是辦在西班牙的馬德里，在大會期間可以看到非常非常多的

人。修女告訴我們有可能看不到教宗，或者只能遠遠看到一個白色的小點，因為人實在太多了，很難有機會近距離的看到教宗，大部分的人都是透過大螢幕，才能看見大會的舞台上正在發生什麼事情。

　　修女一直說謝謝大家陪她一起走，但很多時候我覺得其實是她在陪著我們。

1
—
2

1 年加修女與轟媽、念慈夥伴。
2 左一：張年加修女

↘ 安靜的力量 ↙

　　走著走著，大家也都安靜下來。這時感覺到呼吸越來越急促，衣服已經溼透了，腳步也漸漸沉重，肩膀因為背包的重量而開始酸痛。突然，我腦中出現一個念頭：「為什麼來這裡呢？」是啊，我到底是為了什麼來參加這個「世界青年日」呢？只因為朋友的一個邀請？花了這麼多的錢，來到地球上遙遠的另一端，為什麼我要來巴西呢？我不是基督徒，卻來參加教會的活動，還申請到學校的補助？為什麼是我呢？為什麼要來呢？

　　安靜好像一道光，照出許多不曾想過的事情。

　　面對突如其來的好多疑問，感到有點煩躁。我決定喝口水、休息一下，把腦中的想法放空。

　　好不容易安靜下來，才發現森林裡原來有這麼多聲音，有鳥叫聲、蟲鳴聲，還有風吹過樹林、樹葉摩擦的聲音，還有瀑布的流水聲！剛剛怎麼都沒有聽到呢？

　　這裡的瀑布跟台灣山上看到的很像。我們都坐在瀑布前的石頭上休息，各自佔據一塊石頭，拿出零食一起分享。這時才發現原來神父背著吉他上山，他開始彈著之前在車上練習過的聖歌，大家跟著唱和著。

　　經過這一段路，流了很多汗，聲音也都放鬆了。看著大家臉上滿足的表情，互相分享水和食物，似乎有點明白這趟旅行的目的：

　　懷著同樣的信仰，朝著相同的目標前進。這就是朝聖吧！

　　而我，深受這樣的精神吸引。

小灰們坐在瀑布前大聲唱歌。

多才多藝的
呂天恩神父。

⚒ 安格拉杜斯雷斯
（ *Angra dos Reis* ）⚒

　　前一天我們拜訪了里約的山景，這一天，我們要「下海」——從安格拉杜雷斯的拉帕碼頭（Cais da Iapa）搭船，出海前往兩個海島：格蘭德島（Ilha Grande）和曼德拉島（Ilha Mandala）。

　　安格拉杜雷斯是巴西著名的濱海度假勝地，在沃爾塔雷東達南方，車程約兩個小時，位於里約和聖保羅之間，以里約南海岸的許多島嶼著名。

　　我們和一些來自法國、美國的小灰們搭乘同一艘船，他們大部分都待在船頭，開心的不停唱著聖歌。台灣小灰們大部分都坐在兩邊的椅子上閉目養神，或是靜靜的看著海景。一「路」上，經過一些比較小的海島，船長跟我們介紹說這些都是私人島嶼，有錢人會把海島買下來，在海灘旁還有他們的度假別墅和遊艇。

小灰們在船上開心共融。

大概半個小時後，我們到了附近最大的島嶼——格蘭德島。島上的亞伯拉罕村（Vila do Abraão）有一個聖塞巴斯汀教堂（Igreja de São Sebastião），我們在教堂外面的廣場舉行了一場露天彌撒，所有教堂內的長椅都被移至廣場上，廣場後面緊連著沙灘。這是我第一次在海邊參與彌撒，心裡覺得很「酷」；頭上的大太陽，也很「酷」的曬著大家。

帆布搭成的祭台背對著沙灘，我們面對祭台，坐在兩排長椅上。因為海風很強，帆布的屋頂還差點被風吹走。旁邊有兩個中年婦人經過，應該是來觀光的遊客，手裡還拿著遮洋帽跟浴巾，也和我們一起坐下來參加彌撒。

島上的風光。

海島上的景色美的有點不真實：純白的沙灘、海上的小獨木舟，遠方有一座海島，人行道旁的椰子樹間還有吊床，根本就像是旅遊廣告中才能看到的景色。我們都開玩笑的說，留在這裡就好，不要回去了。

海島彌撒。

╲ 風浪越大,歌聲越大 ╱

彌撒完,我們搭船前往曼德拉島,在那裡享用午餐。午餐的形式是自助餐,因為各國青年人數實在太多,光是排隊取餐就要花上一段時間。於是,有些人先去海邊玩水,有些人排隊用餐。

自助餐的菜色。

海水是藍綠色的,沙灘上還有很多類似禿鷹的大鳥。夥伴們盡情的聊天、放鬆,時間很快就過去了,大夥準備啟程回航。

出發時,天色已經暗了下來,還飄著細雨。到海面上才發現,海上的夜更黑了。四周陷入一片黑暗,只有海島上跟遙遠岸邊零星的燈光。這時風浪也漸漸大了起來,船身跟著海浪上下起伏。我們只能坐在船邊的椅子上,還要緊抓著欄杆,才不會被甩到一邊。有幾位夥伴臉色蒼白,一副很不舒服的樣子。浪花一陣一陣的打在我們身上。

西方人玩得很開心,幾位小灰團員也跟著一起去跳水。

有些法國青年繼續唱著歌，還在船上手舞足蹈，一點也不擔心的樣子。甚至跑到船頭去，風浪越大，他們就唱得越大聲。看到他們開心的樣子，我甚至有點羨慕。

　　想起前幾天神父講道的時候，提到耶穌離開門徒們去山上祈禱，他的十二個門徒在半夜的海上遇到風浪，想必也像是這樣的情況吧！但是那時候，耶穌不在他們的身邊，門徒們應該是又擔心又害怕。當他們看到耶穌從黑暗的海面上走來，那種不可置信的畫面，讓他們以為是妖怪！耶穌對他們說：「放心！是我，不要害怕！」

　　「不要害怕！」這句話一直迴盪在我心裡。一想起這句話，心裡便平靜下來，也輕鬆了不少。

盡情玩水的小灰。

Lily、Kiki、瑋君、瑤倫的家：

　　這是我們第一個寄宿家庭，Marilze阿姨就像我的第二個母親一樣，很照顧我，每天都為我們準備豐富的早餐。有一天我們的活動是要去海邊，媽媽還為我們準備一箱食物，裡面有三明治、水果和果汁，讓我們肚子餓時可以墊墊肚子。媽媽平時也都很關心我們，天冷時要我們多穿些，雖然我們之間的語言不一樣，但都會盡量設法溝通或以行動表示。

　　回到台灣後，有時我們還會在臉書上聊天，問問對方最近好嗎？Marilze阿姨也與我分享，說她會繼續去教堂裡，敬拜神、享受神，也說她很想念我們。

by Lily

榆涵、祈天的家：

　　在沃爾塔雷東達的最後一天，我們兩人盤算著趁離開之前把衣服洗乾淨，當我們詢問轟媽可以在哪裡洗衣服時，她毫不考慮的回答：「交給我們吧！」當晚行程結束後，回到家已經很晚了，只見洗好的衣服已整齊的放在床上。

　　幾天後，我們在下一個小鎮時，我拿出牛仔短褲準備更衣，這才發現——原本早就不見的褲頭鈕扣竟然出現了！想必是沃爾塔雷東達的家人為我洗好衣服後，再貼心縫上的。當時，我感動的心情無法言喻，卻已來不及親口向她說聲：「謝謝！」

by 榆涵

阿祿、寶秋的家：

來到巴西的第一個家，腦中想的是：「經過三天的空中旅行，終於可以洗澡了！」但家裡的浴室竟然不能上鎖，實在尷尬。保守的我關上浴室門後，大約花了五至七分鐘嘗試上鎖，發現徒勞後才勉強接受這件事，心想：「難道巴西人都這麼開放嗎？」

在這裡的每一天，我都在洗澡前告訴自己：「浴室門不會被打開。」就這樣，懷著對家人的信任，一切安好。

by 阿祿

彥伶、韋欣的家：

某個晚上，我向夥伴借了吉他，想要找時間唱歌給寄宿家庭的爺爺、奶奶聽。當晚，奶奶的女兒帶著小孩來看我們，住在隔壁的兒子和媳婦也一起參與，是個十分難得的相聚時刻。我唱了一首中文歌曲送給他們，大家隨著音樂拍手跳舞，幾個月大的小baby也開心的踏著腳。後來，奶奶拿出一張紙，上面印有一些葡萄牙文翻譯成中文的單字發音，有「你好、謝謝、請、早安」等，為了更了解我們，他們真的非常用心。

by 彥伶

彙育、凡儀、誼倫的家：

爸爸不太會說英語，但每一天他都用手指著心窩對我說"for you, my daughter, forever"。在沃爾塔雷東達最後一晚，我們送上「百福千祥歲歲豐」這個橫幅，表達對巴西家人的感謝與祝福。中國文字很美，尤其是繁體字，他們說這就像一件藝術品，非常美麗、非常喜歡。

by 彙育

葡文日常用語	Ola! 打招呼語
	Bom dia 早安
	Boa tarde 午安
	Boa noite 晚安
	¿Como está? 你好嗎？
	Obrigado（男）/ Obrigada（女）謝謝
	De nada 不客氣

伊塔蒂亞亞國家公園
Itatiaia National Park .... 巴西第一座國家公園，位於里約熱內盧州跟米納斯吉拉斯州（Minas Gerais）的邊界處，內含豐富的熱帶雨林景觀。

安格拉杜斯雷斯
Angra dos Reis .... 里約南海岸有名的濱海觀光城鎮，距里約市區約三小時車程。

國際觀 .... 大部分的人比較認識泰國（Thailand），不認識台灣（Taiwan），時常會有人誤解。

沃爾塔雷東達街景。每天早上出門時，當地人總會熱情的向我們道早安。

巴西家人們紛紛邀請親戚到家中，想要看看我們。他們非常喜歡我們帶來的斗笠。

08

親愛的瑪利亞

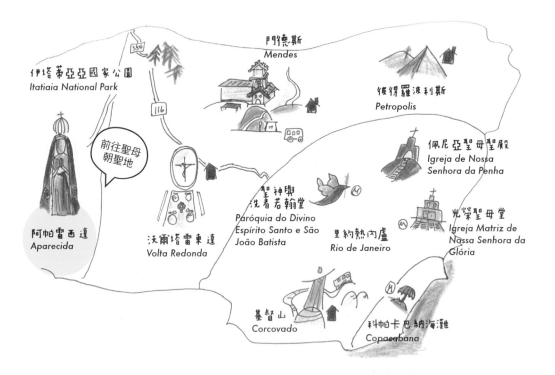

門德斯
Mendes

伊塔蒂亞亞國家公園
Itatiaia National Park

佩得羅波利斯
Petropolis

前往聖母
朝聖地

佩尼亞聖母聖殿
Igreja de Nossa
Senhora da Penha

聖神與
洗者若翰堂
Paróquia do Divino
Espírito Santo e São
João Batista

光榮聖母堂
Igreja Matriz de
Nossa Senhora da
Glória

阿帕雷西達
Aparecida

沃爾塔雷東達
Volta Redonda

里約熱內盧
Rio de Janeiro

基督山
Corcovado

科帕卡巴納海灘
Copacabana

★ 為說明小灰活動地點的相對位置，將各點距離拉近表示。此圖與實際比例不符。

╲ 萬福瑪利亞 ╲

從安格拉杜斯雷斯回到沃爾塔雷東達時，已是晚上十一點了。轟爸轟媽都在教堂等著我們，因為這是我們住在這裡的最後一個晚上，要在教堂辦個小小的晚會，分享這幾天的感動，並且互贈禮物。

高神父跟領隊拿了一個書法卷軸，當作禮物送給接待我們的堂區，打開來是「萬福瑪利亞」（我們準備了很多卷軸，這是隨機選的）。很剛好的是，堂區的主保聖人也是聖母瑪利亞，教友們也為我們每個人準備了一個洛雷托聖母的掛牌。

我問身旁的年加修女：「大家都說天主教是『拜聖母』的宗教，基督教才是拜耶穌，是這樣嗎？」

修女笑著回答：「聖母瑪利亞對天主教會有很重要的意義，在教堂裡也都看得到聖母的聖像，以致於有些人談起天主教時，以為天主教是『拜聖母』的宗教，這是非教友對於天主教的一個普遍的誤會。對於聖母，教會是採取『尊敬』和『效法』的態度。教會崇敬聖母為『天主之母』，因她被天主揀選，與天主合作，使聖子耶穌降孕在她胎內。」

我還是不太明白：「被天主揀選、與天主合作，這是什麼意思呢？」

修女說：「瑪利亞與若瑟訂婚後，有位天使顯現給她，告訴她：『妳將懷

送給沃爾塔雷東達堂區的「萬福瑪利亞」卷軸。

孕生子，並要給他起名叫耶穌。」聽到這個消息，瑪利亞心中感到害怕，擔心將來丈夫會嫌棄自己。不過，她非常相信天主，選擇按照祂的意思去做。就這樣，瑪利亞參與了天主的救恩計畫，成為小耶穌的母親。」

原來，教會對瑪利亞的態度猶如對「聖人」一般，又因她具有「基督的母親」的特殊地位，對她特別表示尊敬。

修女還提到，教會內有許多敬禮聖母的方式，例如：頌唸玫瑰經、聖母遊行、在聖堂放置聖母像等。當我們向聖母祈禱時，是帶著一種孩子向慈愛的母親撒嬌的方式，祈求聖母媽媽為我們在天主面前轉求。

修女說：「當我們說『萬福瑪利亞』時，也同時是說：『上主，祢真好，為我們推介了一位完美的基督徒，讓我們可以好好地學習及跟隨。』」

原來，瑪利亞是基督徒學習的對象，我現在明白了。

玫瑰念珠。頌唸玫瑰經，祈求聖母媽媽為我們在天主面前轉求。

✕ 和巴西家人說再見 ✕

好不容易和「轟爸」、「轟媽」比較熟一點，卻要離開了。

費南多跟卡門給我們三個人每人各印了一封「信」，另外附上一張Google的簡體中文翻譯。（他們似乎還是分不清楚中國與台灣的差別）信上描述與我們相處的時光和祝福，最後還留下他們的地址跟電子信箱，希望我們回台灣之後還可以保持聯絡。我們也送他們從台灣帶來的扇子、紅包跟自己編的手環。

堂區小女孩親手縫製的世青香包，送給我們當做紀念。

來自巴西家人的紀念品。毛巾上縫著夥伴的名字，毛線襪套也是親手縫製的。

堂區有一個小女孩，為了我們的到來，自己做了三十幾個愛心形狀的世青香包，送給我們每一個人。人在異地的時候感情總是特別豐沛，我的眼眶又熱了起來。

大家都和「巴西的家人們」互相擁抱著、親吻雙頰，將自己帶的紀念品送給他們。我們都捨不得離開，不只是因為只有短短幾天的相聚，更因為他們把來自遙遠東方的我們，當做自己的孩子一樣照顧。有個寄宿家庭的爸爸還比著自己的胸口，對接待的小灰夥伴說：「妳永遠是我的女兒。」

和他們道過再見，之後就前往巴西著名的聖母朝聖地──位於沃爾塔雷東達西部的阿帕雷西達（Aparecida）。

我們是永遠的家人。

在沃爾塔雷東達的最後一晚，彼此都分外珍惜。

離開沃爾塔雷東達，再度背起大背包，展開下一站朝聖之旅。

上車之前，和巴西家人依依不捨的道別。

✕ 巴西的主保聖人——阿帕雷西達聖母（*Our Lady of Aparecida*）✕

聖母瑪利亞在世界各地曾多次顯現，也行了許多奇蹟，包括：西元1531年，在墨西哥瓜達露佩（Gradalupe）的一座小山上，顯現給一位印第安人——若望迪戈（Juan Diego）；西元1858年在法國露德（Lordes）顯現給一位十四歲的貧窮牧羊女——伯爾納德（Bernard）；西元1917年在葡萄牙的法蒂瑪（Fatima）顯現給三位牧童；這些地方現今都成為朝聖者眾多的聖母朝聖地。

西元1717年，聖母也曾經在巴西行過奇蹟。

當時聖保羅的省長要去巡視里卡村（Vila Rica），這是一個重要的金礦開採地，途中經過瓜拉廷格塔（Guaratinguetá）時，當地居民決定為長官舉辦宴席，漁民們便去河裡捕魚。但當時並非捕魚的季節，撒了好幾次網都徒勞無功，當他們準備放棄時，漁夫們向聖母祈求，之後，再一次撒網，這次還是沒有捕到魚，卻網到了一個沒有頭的雕像。他們再次撒網，這次網到了雕像的頭。他們將雕像清洗過後，發現那是一尊黑色的無染原罪聖母的雕像！這麼重的雕

阿帕雷西達聖母畫像。

像照理來說應該會沈入水中，怎麼能被漁網撈起來？他們覺得十分不可思議。漁民們把這雕像取名為「顯奇蹟的聖母」（Nossa Senhora da Aparecida Conceição，「Aparecida」是「顯現」的意思）。他們恭敬的用衣服把雕像包起來，繼續捕魚。

阿帕雷西達聖母像。

後來，他們的漁獲量竟變得非常多，重到船幾乎都要沉了。

聖殿內的壁畫，是聖母向漁民顯奇蹟的故事。

聖母雕像被保存在其中一位漁民菲利普（Filipe Pedroso）家中供鄰居、家人前來祈禱，後來這個「顯奇蹟的聖母」行的奇蹟傳遍了整個巴西，漸漸被傳頌為「阿帕雷西達聖母」（Nossa Senhora da Aparecida）。第一間紀念聖母的小聖堂建立於西元1745年。西元1834年他們蓋了一間大教堂，許多人慕名而來，很快的這個教堂又不敷使用；1955年開始蓋另一間規模更大的教堂，在1980年完成，由教宗聖若望保祿二世祝聖為阿帕雷西達聖母聖殿（Basilica of the National Shrine of Our Lady of Aparecida）。

在聖殿外，榆涵為大家解說朝聖地的由來，以及聖母顯奇蹟的故事。

✕ 阿帕雷西達聖母聖殿（*Basilica do Santuário Nacional de Nossa Senhora de Aparecida*）✕

阿帕雷西達聖母聖殿是全世界第二大的教堂，僅次於羅馬聖伯多祿大教堂，能容納四萬五千人。多年來，阿帕雷西達聖母行了許多奇蹟，成為巴西的主保，每年主保日10月12日也成了巴西的國定假日。

每天都有許多信友前來，向聖母媽媽祈求代禱。

阿帕雷西達的聖母雕像，以黏土材質製成，雕像顏色是黑色的，高40公分。曾在1978年被摔碎成200片碎片，被手藝精巧的工匠重新組成，後來信友們為這尊聖母像穿上華麗的衣服並戴上皇冠，衣服上有巴西和梵蒂岡的國旗。這尊雕像目前被安置於阿帕雷西達聖母聖殿中，聖母像前常常聚集著許多信友，祈求聖母媽媽為他們祈禱轉求。

聖殿內的一個小教堂，我們在這裡舉行了一台彌撒。

山上的聖母像。

阿帕雷西達朝聖地中的陳列館。

小卡上印有阿帕雷西達朝聖
地的相關資訊和彌撒時間。

　　教堂的地下室有一個展示館，陳列著眾信友的
見證。其中最重要的奇蹟有三個，這些奇蹟的物證
包括：鐵鍊、馬蹄鐵等，都保存在其中。

聖母聖殿一隅。

三個重要的「阿帕雷西達聖母奇蹟」

✱ 既然聖母讓你自由，那你就自由吧！

早期巴西有許多非洲黑奴，有一個黑奴為了自由，逃離主人的掌控，主人發現之後要將他殺死。他將黑奴的手腳綁上鐵鍊，一起走向刑場，途中經過阿帕雷西達聖母教堂，黑奴乞求他的主人讓他進去教堂祈禱，這是他臨死前的心願。黑奴對聖母祈禱之後，他手腳上的鐵鍊竟然斷了，他的主人深受感動，就對他說：「既然聖母讓你自由，那你就自由吧！」

✱ 如果聖母真的能行奇蹟，就不會讓我騎著馬進入聖殿！

有一個人，不相信阿帕雷西達聖母行奇蹟的傳說，他看到教堂裡有許多朝聖者，就輕蔑的要騎著馬進入教堂，被神父和眾信友們阻攔。他說：「如果聖母真的能行奇蹟，就不會讓我騎著馬進入聖殿！」

後來馬竟然真的停在教堂門口，無論怎麼樣都不肯進去。

✱ 媽媽，妳看！那裡有一座好漂亮的教堂！

有一個盲女跟媽媽相依為命，她們又病又窮。媽媽決定帶著女兒去教堂向聖母祈求，希望女兒能夠看見。

走了很久的路，女兒覺得累了。媽媽安慰著看不見的女兒：「就快到了，就快到了！」突然，女兒興奮地對媽媽說：「媽媽，妳看！那裡有一座好漂亮的教堂！」

因為懷著對聖母的信德，兩人還沒走到教堂，女兒就已經看見。

如何前往阿帕雷西達朝聖地？

阿帕雷西達在聖保羅省的最東邊，就在聖保羅市的東方約168公里處。（聖保羅在里約熱內盧的西邊）到達這裡最便利的方式是開車或搭巴士，從聖保羅或里約熱內盧搭車都很方便，里約熱內盧距離阿帕雷西達大約265公里。

附近沒有國際機場，最近的國際機場在聖保羅市。最近的國內航線機場是São José dos Campos，在阿帕雷西達西方約90公里處。

搭公車

附近比較大的城市（例如São José dos Campos或Guarantiguetá）都有公車經過阿帕雷西達。從聖保羅市、里約市出發，可以找到比較多的班次。

聖保羅

Passaro Marronh - http://www.passaromarron.com.br/

里約熱內盧

Viação Sampaio - http://viacaosampaio.com.br/

Viação 1001 - http://www.autoviacao1001.com.br/pt/

Viação Cometa - http://www.viacaocometa.com.br/pt/

注意：在天主教會的重要節慶期間，例如：復活節聖週、阿帕雷西達聖母主保日（10/12），會有很多朝聖者來到這個城市。這段時間內，附近家庭都會出租部分空間給朝聖者。建議最好還是事先找到可以信賴的旅行社協助安排住宿跟交通。

09

門德斯
Mendes

★ 為說明小灰活動地點的相對位置，將各點距離拉近表示。此圖與實際比例不符。

⚒ 另一個巴西的家 ⚒

離開阿帕雷西達聖母朝聖地之後，我們將在門德斯落腳，停留大約六天，深入社區與當地居民接觸，並好好準備自己的心靈，以便迎接隨之而來的世青大會週。

門德斯是一個在山谷中的小城市，與其說是城市，其實還比較像村莊。市中心只有一所小學、公車站、教堂、郵局，和一些商店。山谷中有一條小河，火車鐵軌沿著河道，平常只有載貨物的火車會經過。火車車廂很多，速度很慢，每一次在平交道等火車通過，都要花五到十分鐘左右。

我們又被分到不同的寄宿家庭裡。這次我們的轟媽叫做艾麗斯特（Arizette），是一個穿牛仔長褲、戴眼鏡、留著俐落白色短髮的女士。她是這裡文化中心的老師，對於門德斯的歷史和動植物都有研究，還可以用英文和我們作簡單的溝通。她說英文的時候速度很慢，但是很清楚。

1 ┤2─3

1 從門德斯山腰上向下眺望的景象。

2 門德斯，山上的城。

3 門德斯的鐵道，常有載貨物的火車經過。

第二天早上，她帶著我們參觀她的後院，指著山頭上的風車說：「從這裡到山上的風車都是我們家後院。」我們都驚呼說：「這不是後院，是後山吧！」接著她自顧自的走到各處去介紹她種的植物，可惜我們除了能認出木瓜之外，其他都不太知道。他們家後面還有一間迷你小木屋，旁邊有個鞦韆，是她孫子孫女的祕密基地。後院草皮上有一根桿子，上面掛著籃球架；桿子上拉著一條繩子牽到屋裡，繩子上曬著我們的衣服。他們家養的黑狗在草地上跑來跑去，和我們玩著丟接球的遊戲。這個畫面到現在還是一直在我心中，久久不能忘懷。

我們要在這裡待六天，每天早上固定在教堂有讀經分享跟彌撒，下午到晚上有當地教區為我們準備的活動。我們總共有八個人被分配在這個家庭，兩個人在客廳打地鋪，其他六個人擠在同一間房間裡。每天早上我們從寄宿家庭出發，越過鐵軌、經過天橋穿越一條河，走到對面山腰上的教堂去和大家集合。門德斯位於山區，氣候比里約市區涼爽許多，一到晚上氣溫大概會降到18℃左右，必須穿上薄外套才不會著涼。

1
—
2
—
3

1 山上的小教堂，我們在此參與彌撒、聽神父講道理、讀經分享。

2 神父的課程幫助我們認識信仰。

3 學校旁的大教堂，各國小灰齊聚一堂，參與大型彌撒。

學校的體育場，也是小灰們在門德斯的主要活動場地。

╳ 巴西戰舞——卡波耶拉（Capoeira）╳

　　有一天，下午的行程是各國間的文化交流，街上搭了一個舞台，兩邊有些攤販賣著當地的手工藝品和紀念品。我們和法國、韓國的小灰團員，以及一些當地的民眾，都圍在舞台前方。韓國小灰們穿著傳統服飾，表演了韓國傳統舞蹈——扇子舞。

　　「阿里郎」的表演過後，主持人跟當地神父在台上一搭一唱，用葡萄牙語跟法文、英文輪流說明，介紹接下來巴西的表演——卡波耶拉（Capoeira）。

　　卡波耶拉是由16世紀巴西的非裔移民發展出來，類似武術表演的舞蹈。據說是奴隸階級為了磨練武術，藉口以舞蹈作為信仰儀式，在躲避奴役者的監視下祕密練習的方式，後來被政府承認，推廣成國家運動。

兩個人站在舞台側邊，一個人打鼓，另一個人拿著貝林報（Berimbau）——有點像二胡的樂器：由一條長木棍，底下接著一顆圓形、有點像葫蘆的底部，有一條弦連接著木棍的兩端。

　　舞者們有男有女，也有小朋友，都赤腳站在柏油路的兩邊：女生穿著白色、有點像柔道的衣服，男生則直接打赤膊、穿著白色長褲上陣。一次兩個人進到人群中間的空地內，互相敬禮，接著就壓低著頭，開始跟著音樂節奏左右擺動著手和腳，準備出招。舞蹈是由「其中一方攻擊、另外一方防禦」的方式進行，動作包含大量的腿部攻擊、迴旋踢、空翻、倒立。在攻擊的時候像是慢動作一樣，其中一個人迴旋踢，另外一個人就會蹲下來躲過，也考驗著彼此的默契。默契越好的搭檔，動作就可以越來越快。

　　表演結束後，他們還邀請大家一起到中間來，以一對一的方式教你跳卡波耶拉。

貝林報

巴西戰舞類似武術表演。

╳ 聖體遊行 ╳

那天晚上，我們要舉行「聖體遊行」，從教堂出發，繞村莊一圈。

天主教的「聖體」，指的是神父祝聖（祝福）過的無酵餅，就是耶穌。聖體被放在「聖體光」內，由神父們輪流拿著。「聖體光」又稱「聖體光座」，指的是教會儀式用的一個器具，通常為鍍金銀製品，座上正中有個透明小窗，用來供奉聖體。小窗周圍以放射狀線條呈現，表現出「聖體發光」的樣子，供教友朝拜。

舉行聖體遊行時，由四個青年一起舉著帳幕，罩著神父跟聖體光，前面由兩個青年拿著蠟燭引路。領經的人在前方的車上，拿著麥克風唸各種語言的經文。我們則跟在後面，拉成常常的隊伍，一邊唸「玫瑰經」，一邊前進。

$\dfrac{1}{2}$ | 3

1 聖體遊行前的祈禱。
2 各國青年高舉國旗，跟隨基督的聖體向前行。
3 聖體光，又稱「聖體光座」。

一開始有點浮躁，大家都在和身邊的人聊天。經過一小段路，霓虹燈招牌越來越少，路越來越陡，漸漸變窄。大家慢慢的安靜下來，跟著唸玫瑰經，跟著跪下。每唸十遍聖母經之後，神父會把聖體光高舉，有青年拿手電筒照著聖體光，好讓後面的人也能看見。

到了山坡上，大家漸漸開始疲憊，腳步越來越慢。有些人家聽到我們祈禱的聲音，便在門口擺出桌子，拿出他們家裡的聖母像（幾乎都是阿帕雷西達聖母像），還拿白開水跟水果給我們。對於來自台灣的我們，大概會覺得這跟媽祖繞境有點像吧！不同的是，我們一路上很平和、寧靜。山谷間除了頌唸經文的聲音，和偶爾傳來的狗吠聲之外，當我們跪下來靜默片刻的時候，沒有其他的聲音。

遊行之後，回到聖堂內。

╳ 社區報佳音 ╳

有時，我們也會分成幾組，由當地的教會青年帶著我們前往村民家裡報佳音。

門德斯是個可愛的小村莊，沒有太多現代化設施，也伴隨著普遍的貧窮。除了市中心商店街有兩層樓或三層樓的房子以外，大部分人家的屋子都是一樓平房。我們走在山坡路上，過了一個上坡，轉個彎，又一個上坡。

當地居民非常喜歡我們送的扇子。

　　經過一間房子門口，和我們一組的巴西朋友要我們停下來。他便走到門口敲喊著，向一個抱著小孩的婦人介紹我們來拜訪的目的，便招手讓我們進去。屋裡的擺設很簡單：一張床、一張桌子，幾張椅子，沒有其他多餘的東西。我們唱了幾首出發前準備好的聖歌，還加上帶動唱，婦人露出靦腆的笑容跟我們說謝謝。最後我們送給她一個小扇子，上面用許多語言寫著「愛」。扇子中間有一個母親抱著小孩的圖案，用聖母瑪利亞和小耶穌一起，以簡單的圖案來畫出這個中文字「愛」。我們比手畫腳的跟她解釋著，但是她好像不識字的樣子，後來經由巴西青年用葡萄牙文跟她說明之後，她才開心的大笑起來。她非常喜歡那個扇子。

拜訪當地人家，微笑是彼此共同的語言。

後來又經過一戶人家，門口的兩隻大狗不停地對我們吠著。男主人出來看了一眼，聽到巴西青年向他說明我們的來意，便搖著手跟我們拒絕了。但是那個青年不放棄的跟他多講了幾句話，他才好似勉強的邀請我們進到院子裡。在我們祈禱唱聖歌的時候，我注意到那位男主人眼睛泛紅、陷入深思的表情。結束後，他才跟我們說他得了癌症，家人也都不在他身邊，所以我們的到來讓他很感動，就像是一群天使到他家裡來安慰他。有人開始過去擁抱他，給他更多安慰與勇氣。就這樣，在不同人家的屋子裡或門口，我們都唱著那幾首歌。雖然他們聽不懂我們的語言，但是一個簡單的笑容，就是一個簡單的祝福。

路上遇到幾個放風箏的小朋友，好奇的看著我們，還跟了我們一段路。

可愛的孩子。

當地小朋友畫的圖，送給團員Kiki。

下午，我們來到一個活動中心，幫忙社區工作者，一起為單親家庭的小朋友們作例行性的健康檢查，例如：量身高、體重。一部分的人去準備給小朋友吃的爆米花跟點心，一部分的人要先跟小朋友們一起玩遊戲，之後才好讓他們配合量體重。

　　看著小朋友的笑臉，孩子的母親們也跟著笑了。

\ 幫孩子們量體重。/

/ 準備給小朋友吃的 \
　　爆米花。

手牽著手帶動唱。

帶活動中心的
孩子們玩遊戲。

緊貼著媽媽大腿的害羞男孩。

人氣大哥哥。

↖ 讀經分享 ↗

那幾天早上，我們從各自的寄宿家庭出發，到山上小教堂外一起用早餐，一起跳「巴西瘋狂早操」，模仿各種動物的動作，每次跳完大家必定都會全身冒汗。早餐是小塊的法國麵包沾果醬，配很甜很甜的巴西咖啡或果汁，每天差不多都是這樣。跳完早操後，神父在小教堂裡為我們上課，每天都有課程、彌撒和讀經分享。

我很喜歡讀經分享那段時間。小組選一個舒服的地方坐下來後，神父會先帶一個簡單的祈禱，翻開手冊中今天的福音，一人唸一句，然後靜默一段時間，再讓每個人自由分享。

還記得有一天的福音是這一段：「那時候，耶穌開口說：『你們這些勞苦和負重擔的人，都到我跟前來吧，我

要使你們安息。你們背起我的軛，跟我學罷！因為我是良善心謙的：這樣你們必要找得你們靈魂的安息，因為我的軛是柔和的，我的擔子是輕鬆的。』」（《瑪竇福音》十一章29-30節）這段經文讓我感到安慰。仔細想想，生活中的各種挑戰和考驗，其實都是我能負擔得起的，我好像不需要太過擔憂。

有人分享前一天拜訪村民報佳音的時候，主人很開心的請他進門，房間裡只有簡單的幾樣家具；又說到接待他們的寄宿家庭成員很多，也和他們一樣打地鋪排排睡、洗冷水澡。每天早上起來，這些家人總能帶著開心的笑容，陪著他們走去教堂。

「他們擁有的不多，卻很快樂。」

各組選擇一個舒服的地方，悠閒的坐下來讀經、分享。

一起跳巴西瘋狂早操。

╳ 和耶穌作朋友 ╳

　　還有一位夥伴分享他的寄宿家庭裡家徒四壁，沒有多餘的家具。浴室也沒有門，只用簡單的浴簾遮住，也沒有熱水。這其實就是他們的日常生活，和他們相比，我們實在幸福許多。我們生活中甚至有許多「多餘」的物品，是可以捨棄的。因著信仰，他們願意招待我們，就算沒有多餘的東西可以給我們，也願意把他們自己僅剩的一切和我們分享。這是不是就是培訓時所說的兄弟愛德呢？

　　聽著大家的分享，我想起以前自己總有許多的抱怨，覺得生活中有許多不足。身邊那一群教會的朋友們，在我覺得壓力很大、喘不過氣來的時候，常常鼓勵我，要我祈禱跟耶穌說。那時候常想著：「我跟『祂』又不熟，跟祂說了又有什麼用呢？！」但又想起前幾天寄宿在沃爾塔雷東達，從海島坐船回來時的風浪，和那句「不要害怕！」，頓時覺得耶穌好像跟我越來越親近，像一個朋友那樣，越來越沒有距離。

我的朝聖筆記

對基督徒來說，信仰生活中有三種「食物」，
聖經裡面也都告訴我們了：

第一種食物是「聖言」——

人生活不只靠餅，而也靠天主口中所發的一切言語。
（《瑪竇福音》四章 4節）

聖言是天主與我們分享的祕密，為了聆聽天主的聲音，我們可以每
天安排一段時間，或每週固定三個時段，找個安靜的空間靜默下
來。翻開聖經後，祈求聖神的帶領，以信德的眼光閱讀聖經，藉此
與天主建立更緊密的關係。

第二種食物是「聖體」——

我的肉，是真實的食品；我的血，是真實的飲料。
（《若望福音》六章 55節）

「聖體」就是耶穌本身。教友們除了在彌撒中領受聖體外，還需要
時常朝拜聖體。當我們走進教堂時，要意識到基督就在聖堂內，就
在祭台前的聖體龕中，所以不能大聲嚷嚷或彼此交談，因為沒有人
進入主人家作客，卻不理會主人的。

第三種食物是「父的旨意」——

我的食物就是承行派遣我者的旨意，完成他的工程。
（《若望福音》四章 34節）

聆聽天主的話，就是承行天父的旨意。這是
最後一種食糧，也是最重要的：我們要向耶
穌學習，讓聖神領導自己，不要常按自己的
想法，而要依靠天主而生活。

小灰團員在門德斯的家

彥伶、念慈、年加、祈天、韋欣、瑋君、瑤倫、誼倫、思淳的家：

轟爸轟媽總是能找到各種辦法，來克服我們彼此之間語言不同的這個問題。這次我們9個人一起住在一棟大房子裡。一走進客廳，看到牆上和電視上貼著幾張「圖畫」，由報紙、雜誌上剪下的圖片拼貼而成；轟媽指著圖片，比手畫腳的用葡萄牙語向我們解說。

第一張圖表示家裡有很多食物，包括飲料、果汁、三明治⋯⋯，我們肚子餓時可以盡情享用（旁邊的桌上真的擺著滿滿的食物）；第二張圖記錄著這天的行程——我們搭巴士來到門德斯，再搭上他們家的高級貨車，到家後卸下行李，然後洗澡、睡覺、聊天，享受美好的一晚⋯⋯，等到第二天鬧鐘響起，轟爸就會載我們去教堂。

by 彥伶

我和姊姊原本被分配到不同的寄宿家庭。一開始，我和另外五位團員經過三十分鐘的長途跋涉，走過深山小徑才終於到家。那是一個簡樸的家庭，我們當晚便睡在一個約三坪大的客廳裡，旁邊圍繞著電視、冰箱、沙發、洗手台、廚房、書桌、書櫃，以及用簾子遮住的廁所。當天晚上極冷，卻沒有熱水可以洗澡。第二天，我們和寄宿家庭的妹妹們一起搭公車，前往教堂與其他團員會合。第三天，我竟然開始上吐下瀉，看到什麼東西都不想吃。當天，姊姊幫我和神父溝通，看我能否換到她們的寄宿家庭，結果轟媽一口就答應了，當晚就麻煩轟爸來接我。

轟爸留著大鬍子，外表很像肯德基爺爺。一來到「新家」，看到這棟氣派的房子，庭院裡停著兩台大型休旅車，有點像美國電影裡的場景。一進家門，轟媽親切地上前擁抱我，映入眼簾的是一個大大的餐桌、大大的廚房、擺著一堆酒的吧檯、煙囪式的烤爐⋯⋯。

我無法適應突然轉換的環境，兩家的情況實在天差地遠。第一家空間很小，住著許多黑人小孩；第二家是大大的房子裡，住著幾位白人老人家。

同行的夥伴們問我怎麼了，我說：「我有點無法適應！」他們立刻說：「你馬上就會習慣的，我們剛開始也不習慣。」確實如此，我很快就習慣了這個家庭，但是和前一家的妹妹們之間，互動也減少了。人們似乎很容易適應舒適安逸的生活環境，卻較難適應艱困、簡樸的生活。

by 誼倫

紙上寫著我們的名字，以及用圖畫
拼成的示意圖。

表示家裡的食物全部任我們享用。

寶秋、世琪、彙育、阿祿、阿美、
郁淳、佳美、宛庭、阿古的家：

　　7月17日是郁淳的生日，門德
斯的家人準備了蛋糕與汽水，全家
人聚集在一起，共同舉辦一場溫馨
的慶生會，大家都非常開心。

by 阿祿

Lily、伊萱、喻暄、唐唐的家：

　　這天中午，我們和家人一起吃中
餐，桌上全部的菜都是媽媽跟姊姊們
一起準備的，飯後還有媽媽親手做的蛋
糕，為爸爸慶祝生日。

by Lily

門德斯的交通方式

從里約可以搭UTIL的公車到達門德斯，一天有六班車，車程約兩小時。（USD 20）

彼得羅波利斯
Petrópolis

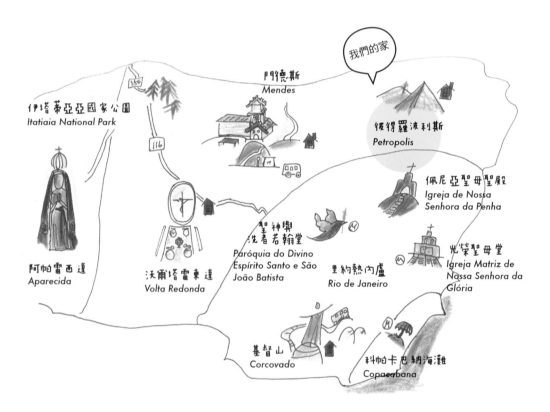

★ 為説明小灰活動地點的相對位置，將各點距離拉近表示。此圖與實際比例不符。

╲ 皇室避暑勝地 ╲

　　世青週過後，我們來到彼得羅波利斯，位於比門德斯更高海拔的山上，是里約著名的避暑勝地。因為海拔高，冬季的白天大概也是二十幾度，到了晚上，氣溫就更低了，大概只剩下十度左右。這個城市的名稱源自巴西皇帝佩德羅二世（Pedro II），夏天的時候皇室成員都會來這裡避暑，有段時間它曾經是里約的首都。

　　昔日皇室的夏宮如今已變成一個博物館，不需要門票也可以進去參觀。進去之前需要先把隨身行李跟包包都放在外面，比較不方便的是，這裡沒有設置寄物台或寄物櫃，只能讓其他人幫忙顧行李。進去之前，還要先搜身、脫下原本的鞋子，換上室內專用的拖鞋才行，裡面也不能拍照攝影，可以強烈感覺到官方用心維護的美意。

　　皇宮裡面有當地的教會青年幫我們做導覽，所以可以聽懂一些簡單的英文，神父和另一位英文不錯的團員也在旁邊幫忙為我們翻譯成中文。我們經過一個又一個的房間，每次都為房間內華麗的擺飾感到驚嘆不已。

彼得羅波利斯的皇室夏宮博物館。

聖伯多祿・雅康達大教堂
(Cathedral of Saint Peter of Alcantara)

　　參觀過皇宮之後，我們徒步來到一個大教堂，在這裡稍作休息跟唸日課。小灰團每天唸日課已經成為一種習慣，不管當天的行程多麼緊湊，只要在某個地點稍作停留，甚至在巴士上，都可以唸日課。

　　許多教堂都是以「聖人」[1] 的名字來命名，教堂內會存放著聖人的「聖髑」（遺物或遺骨的一部分），這裡也不例外，是以聖伯多祿・雅康達（1499-1562）來命名的。聖伯鐸・雅康達是一個西班牙的聖人，以刻苦補贖聞名。他潛心祈禱，也致力於福傳，曾到葡萄牙巡迴演講，每結束一段講道時期，就會在那個市鎮內的廣場上，或在十字路口、山巔上，豎立一個大十字架，使民眾牢記信仰的救恩。

　　一走進這座教堂，就看到兩旁有一整排大型的彩繪玻璃，每片玻璃上的主題都是不同的聖人或聖經章節。經過這些玻璃的時候，神父為我們講解上面的故事。佩德羅二世一家人的陵墓也都在這個教堂裡。

聖伯多祿・雅康達大教堂。

教堂裡的彩繪玻璃。

　　這時太陽慢慢下山，黃昏的光線透過彩繪玻璃照進來，將色彩都潑灑在教堂內的牆上。我坐在長椅上，安靜地看著那些色彩緩慢的流動。

　　教堂的前方正面對著一條小溪，從橋上可以看到整個教堂的正面。我們離開的時候，天色已經有些暗了，教堂的燈亮起來，好像一個華麗的城堡。

佩德羅二世一家人的陵墓。

1　聖人是指那些經由天主教會公認，在世時度聖潔生活、具備虔誠信仰和高尚德行的人。在他們去世並通過一些證實手續後，由教會冊封為「聖人」。天主教會鼓勵教友們以聖人作為楷模，祈禱時也可以向聖人請求代禱、轉求天主，因為聖人們比一般凡夫俗子更靠近天主，他們一生奉獻、渴望天國的心更甚於我們，請聖人代禱也會更有力量。

✕ 來自科帕卡巴納（Copacabana）海灘的烏比（Uby）✕

在彼得羅波利斯接待我們住宿的家庭，原本是住在里約市中心的科帕卡巴納海灘，最近幾年才搬到這裡來，因為這裡的水跟空氣都比較好，夏天也比較涼爽。主人的名字叫做Ubyrajara Costa，是一個身材壯碩的男人，他看我們試著唸出他的名字，發覺對我們來說實在太難了，便大笑著說他的名字太長，我們可以叫他「烏比」（Uby）就好！

烏比的英文不好，不會說，也幾乎聽不懂。還好我們幾個這次和神父一起住，剛好可以靠神父用簡單的西文搭配葡文來跟他溝通。他指著牆上掛著的弓和箭，自豪的說這是他爺爺留下來的傳家之寶，看著他眼裡的光芒，我不禁想多認識他一些。

他歡迎我們的到來，也很期待世青能為里約帶來改變。在世青舉辦之前，里約科帕卡巴納海灘的街頭充斥著毒販、幫派份子和妓女，治安非常差。大部分的觀光客都知道，里約有些路段非常危險，是不能步行經過的，尤其是女性。旅客如果要在市區內行動，最好的方法就是搭乘計程車。舉辦世青的這段時間，平常一般遊客根本不敢經過的地方，現在都變得安全，因為到處都有警察巡邏。

烏比覺得這樣的改變很好，也感謝天主讓這個國家有了改變。

我和烏比聊了一陣子，便跟他要地址跟e-mail，希望回台灣後可以寄信給烏比跟他的家人，保持聯絡。

彼得羅波利斯接待我們的堂區。

祈求聖安東尼
（Saint Anthony of Padua）

其實在抵達巴西的第一天，就有人把護照弄丟了。

抵達巴西的第一天，思淳在巴士上正忙著把背包裡所有的東西都翻出來，因為她竟然找不到台灣護照！她著急的跟領隊說，自己的護照不見了，要是回不去台灣怎麼辦？領隊開始幫她打電話回台灣的外交部，和台灣駐巴西代表處，詢問該如何補辦證件？需要些什麼資料？

在彼得羅波利斯接待我們的堂區，它的主保聖人剛好就是粗心者的主保「聖安東尼」，意思是，當教友遺失物品的時候，都會習慣向他祈求代禱找回失物。民間還有個關於聖安東尼的傳頌歌謠，它的歌詞是這樣：「Tony, Tony, look around. Something's lost that must be found.」（東尼，東尼，找一找；弄丟的人必找到。）

隔天就要離開巴西了，思淳還沒收到補辦的台灣護照，心急如焚。她哭了好幾次，也不停的向聖安東尼祈求代禱，希望她補辦的證件可以順利拿到。

當地教友知道之後，立刻用辦公室的電腦幫她查詢郵件編號，看看是不是已經寄到這裡來了。經過電話求證，確定郵件已經到了附近的郵局，但是因為收件地址不完整，正準備要寄回聖保羅。那位教友表明願意載思淳去郵局領信，她一聽到，立刻高興的上前擁抱。

教堂內部。

教堂的主保是聖安東尼（左）和聖奧思定（右）。

巴西郵局的主要顏色是黃色跟藍色，跟臺灣郵局的形象完全不一樣。可能因為是地方郵局的關係，也只有一個窗口。唯一相同的是，門口停了幾輛重型機車，一個郵差正準備騎車出去。窗口的先生向我們詢問郵件編號，確認思淳的證件之後又進去了。這段等待的時間像是一個月那麼長。終於，那位先生回到窗口，遞給我們一封牛皮紙袋，袋子角落還有點破損，洞要是再大一點，可能護照就會掉出來！

看到補辦的台灣護照，她又哭了。
「照片好醜喔！」她說。

1 | 2
———
3

1 聖安東尼堂內的聖母亭。
2 教堂旁邊是幼稚園，每天都能看到很多小朋友。
3 各國小灰大合照。

╳ 美麗的家園──*Jesus Menino* ╳

　　離開巴西前，我們和法國小灰團一起參訪了一個漂亮的地方，看起來好像是農場或莊園，負責人在入口處向我們介紹著：「歡迎你們來！這是我們的家。」

　　負責人身邊站著一個男生，其中一隻腳有點彎曲，嘴巴也歪彎一邊，嘴角還滴著口水。負責人伸手摟著他，跟我們說：「他堅持要到門口迎接你們。」然後那個男生就伸出手，開始向每個人握手，一個一個的擁抱。「他不太會說話，但是他會抱你們每一個人。」剛開始，大家似乎有點不太敢靠近他，但後來那個男生的笑容慢慢感染了在場的每一位，我們也就自在多了。

　　負責人繼續介紹這個地方。他說：「這裡是一個家，接受一些被社會所輕視的生命，像這個男生就是從垃圾堆裡撿回來的，那時候他連臍帶都還沒剪掉，就被母親給遺棄了。Jesus Menino主要是靠外界的贊助，幫助這些人在這個地方自給自足，讓他們找到適合自己的工作，例如，他們有些人修剪樹木、種植作物、做手工藝，有的人還自己寫歌、唱歌、出專輯呢！我並不是負責照顧他們的人，我們像一個家庭一樣，一起工作、一起生活。」

Jesus Menino是個美麗的大家庭。

在Jesus Menino舉行戶外彌撒。

✕ 在他們身上，看見生命的奇蹟 ✕

我們舉行了一台彌撒，與大家庭中幾位狀況較好、能自由行動的朋友一同參與。坐在涼爽的樹蔭下，風微微的吹著，讓人好舒服。我靜靜聆聽神父講的道理，再轉頭看看四周的夥伴，每個人臉上都帶著滿足的表情。我最喜歡彌撒當中的「平安禮」，就是以握手或擁抱的方式，和身邊的朋友互道平安。來巴西後，我已經漸漸習慣、甚至愛上「擁抱」這個動作。這一天，我們在擁抱中彼此祝福，不論對方是巴西人、法國人、行動不便的人，還是無法說話的人。我抬頭看到樹梢間閃亮的陽光，還有藍藍的天空，心中想著：「所謂『天堂』，應該就像這樣吧！」

彌撒後，我們移到另一邊的草地上，前面有一個小舞台。工作人員

推著一位坐在輪椅上的男生，讓他上台分享。有位神父在旁邊幫忙翻譯成法文，高神父再為我們譯成中文。這個男生因為一場車禍意外，在醫院昏迷了十多年，一直都由醫院及父母親幫忙照顧。最後，他奇蹟似的醒了，但是爸媽卻早已過世。坐在輪椅上的他，因為昏迷了很多年，肌肉都已萎縮。許多對正常人來說再簡單不過的日常生活動作，像伸手拿湯匙、解開鈕子等，他都必須花上好幾天，甚至好幾個禮拜來努力練習。他也曾經問過天主，為什麼要讓他在那個時候醒過來？他在世上早已失去依靠。但是他告訴我們，現在的他很快樂，因為他來到這個家，擁有更多的家人，每個家人都給他很多、很多的愛。

他了解到耶穌在他身上的計畫，就是透過自己的故事，告訴別人生命有多美好！

現在，雖然他還是需要別人幫忙推輪椅，但是他已經可以使用電腦，透過打字的輔具，在網路上跟其他人連絡，告訴別人在他身上所發生的奇蹟。「雖然很多事情我不能做，但我可以為其他人祈禱、不斷的關心別人。」他說，「生命，就是耶穌無條件愛我們的證明，我們也要去愛身邊的每一個人。你，你，還有你，都很幸福。」是啊，看到眼前不放棄希望的他，我深深感到幸福。奇妙的是，這種幸福的感覺，並

在陽光下一起享用午餐。

不是因為我擁有什麼，而是因為我能坐在這裡、能與身邊的夥伴相遇、能夠這樣單純的對彼此微笑。

接下來，大夥和志工一起在戶外排了餐桌、餐椅後，隨意在各桌坐下，享用午餐。讓我印象深刻的是，有另一位坐著輪椅的大孩子，一直興奮的推著輪椅「跑來跑去」，然後停在桌子旁邊，拉起一位小灰夥伴的手，示意要他幫忙推輪椅。夥伴微笑著推了他一段，剛好來到我旁邊，這次他又拉起我的手，要求換我接手推輪椅，我也推了一小段。就這樣，他不斷去拉夥伴們的手，任由大家推來推去，他笑得很開心，我們也被他逗笑了。

在離開之前，負責人歡迎我們之後有機會再回來看看他們。或許也可以申請來當幾個月的志工，和他們一起生活。這裡一直都很需要外界的幫助跟宣傳，讓更多人了解生命的價值。

接著負責人送給我們每人一個小嬰兒的石膏像，大概是手掌心的大小。他說這是三週大的生命，已經具有完整的人形了。他們希望藉由這個小嬰兒，提醒大家愛惜生命。除了機構內部的工作之外，他們也持續在都市裡推動反對合法墮胎的運動。負責人一再強調尊重生命的理念，並呼籲我們把這樣的精神帶回自己的國家。

在回程的車上，我緊握著手中這個「小生命」，心中的震撼讓我久久不能言語。這個團體的名稱叫做「Jesus Menino」，是「小耶穌」的意思。每個小小的生命，都和耶穌的誕生一樣，是個奇蹟……

十字架上有許多小嬰兒的石膏像。

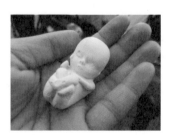

三週大的小嬰兒石膏像。

在Jesus Menino的大草地上聊天、合影。

小灰團員在
彼得羅波利斯的家

Lily、玉梅、阿古、郁淳、佳美、阿祿、喻暄、伊萱、宛庭的家：

　　我們九個小灰一起住在這個家庭，剛好他們家的人也很多，所以看起來就像個大家庭一樣。在這個大家庭裡，我們一起跳舞、彼此分享。有一晚，我們還炒了幾道台式的家常菜。因為人多，不論做任何事都要分工行動，動作才會快。

by Lily

　　寄宿家庭的叔叔在我們某天早晨出門前，遞給我一捲捲筒衛生紙，讓當時因感冒而鼻水流不停的我得以隨時使用，使我感覺好窩心。住在那裡的第一天晚上，睡前叔叔還特別請轟媽煮治感冒的熱飲給我喝，也讓我吃感冒藥，猶如親生父母般對我百般呵護與悉心照料，感謝天主！

by 阿祿

思宏、嘉志的家：

　　我們的轟爸、轟媽是一對年輕夫妻，他們的歌聲很好聽。一天晚上回到家後，轟爸拿出吉他彈奏，轟媽唱歌，為岳母（轟媽的媽媽）慶生。後來轟媽的弟弟也來了，家人團聚的時刻總是十分美好，令人難忘。

by 思宏

在Jesus Menino的大草地上聊天、合影。

小灰團員在
彼得羅波利斯的家

Lily、玉梅、阿古、郁淳、佳美、阿祿、喻暄、伊萱、宛庭的家：

　　我們九個小灰一起住在這個家庭，剛好他們家的人也很多，所以看起來就像個大家庭一樣。在這個大家庭裡，我們一起跳舞、彼此分享。有一晚，我們還炒了幾道台式的家常菜。因為人多，不論做任何事都要分工行動，動作才會快。

by Lily

　　寄宿家庭的叔叔在我們某天早晨出門前，遞給我一捲捲筒衛生紙，讓當時因感冒而鼻水流不停的我得以隨時使用，使我感覺好窩心。住在那裡的第一天晚上，睡前叔叔還特別請轟媽煮治感冒的熱飲給我喝，也讓我吃感冒藥，猶如親生父母般對我百般呵護與悉心照料，感謝天主！

by 阿祿

思宏、嘉志的家：

　　我們的轟爸、轟媽是一對年輕夫妻，他們的歌聲很好聽。一天晚上回到家後，轟爸拿出吉他彈奏，轟媽唱歌，為岳母（轟媽的媽媽）慶生。後來轟媽的弟弟也來了，家人團聚的時刻總是十分美好，令人難忘。

by 思宏

彼得羅波利斯的交通方式：

在里約較大的巴士站Terminal Rodoviária Novo Rio可以搭乘ÚNICA-FÁCIL到彼得羅波利斯。

皇室夏宮博物館：

電話：24-2247-5222
開放時間：禮拜二至禮拜日，早上9:30至下午5:00（依季節作調整）
門票費用：免費

護照弄丟怎麼辦？

① 向聖安東尼祈求代禱。

② 聯絡台灣駐巴西代表處，他們會和你確認身分，並索取補件（警察局報案證明、照片、可以證明身分的證件、費用）。

③ 匯款、將資料寄出後，等待補件寄至你可以收件的地址。（出發前要準備好國際電話卡、台灣駐外辦事處聯絡電話與地址）

④ 繼續向聖安東尼祈求代禱。

從國外打電話回台灣：

該國國際冠碼（巴西00）＋台灣國碼（886）＋區域號碼（去0）＋用戶電話號碼
例如：從巴西打回安溪寮聖家堂，要撥00-886-6-6361881。
如果有網路的話，也可以考慮使用skype。

你們要去使萬民成為門徒。
——《瑪竇福音》廿八章19節

PART 3

2013
世界青年日

11
比吃飯更重要的事

門德斯
Mendes

伊塔蒂亞亞國家公園
Itatiaia National Park

復得羅波利斯
Petropolis

佩尼亞聖母聖殿
Igreja de Nossa
Senhora da Penha

聖神與
洗者若翰堂
Paróquia do Divino
Espírito Santo e São
João Batista

光榮聖母堂
Igreja Matriz de
Nossa Senhora da
Glória

里約熱內盧
Rio de Janeiro

阿帕雷西達
Aparecida

沃爾塔雷東達
Volta Redonda

基督山
Corcovado

科帕卡巴納海灘
Copacabana

世青週的活動地點，
都在里約。

★ 為說明小灰活動地點的相對位置，將各點距離拉近表示。此圖與實際比例不符。

這一整趟巴西之旅的最高峰，就是為期一週的「世界青年日大會」。大會週的時間是在我們離開門德斯之後，前往彼得羅波利斯之前的那一週。

　　在門德斯的最後一天中午，各國小灰們帶著行李，在學校的體育場裡集合，領取當天的午餐及晚餐。由於人數太多，我們必須分批搭車前往里約，再加上當天會有上百萬人同時湧入，交通壅塞的狀況可想而知，我們預計晚上才能到達里約。我們領取的餐點，就是一小袋餅乾和麵包，必須自己分配成兩餐，如果中午一下子全吃完，晚上就得餓肚子了。其實，我們都有了心理準備，在接下來一週裡，「吃飯」將不是什麼重要的事，只要能維持基本需求就可以了。

　　等待的時間很長，但大家也沒有閒著。有些夥伴把握時間和其他國家的小灰合影留念，因為到了里約，不一定有時間再交流；有些夥伴忙著與接待我們的當地志工道別、互留聯絡方式。還有幾個家庭的轟爸轟媽也來送行，與夥伴們依依不捨的擁抱了數次。

　　一直等到下午將近五點，終於輪到我們上車。

塑膠袋裡裝著當天的午餐和晚餐。

在門德斯等待前往里約的巴士。

轟爸轟媽陪著一起等，要送我們上車。

╳ 朝聖者背包 ╳

　　在車上，領隊發給我們一人一個背包，是世界青年日的大會組為每個
參與者準備的「朝聖者背包」，裡面裝著參與世青大會的各種裝備。

背包裡的物品包括

(1) 鴨舌帽：為你遮擋巴西熱情的太陽，避免中暑。

(2) 朝聖者T-shirt：讓人一眼就知道你是世青朝聖者。

(3) 餐卡：這幾天的餐點都靠這張卡（使用方式類似悠遊
　　　卡）。裡面已儲有足夠的金額，只要看到餐廳
　　　或商店門口貼有「Ticket Restaurante」，就
　　　表示在那家店可以使用餐卡消費。

朝聖者背包。

④ 交通卡：可以乘坐里約市內所有的大眾交通工具——公車、地鐵，一天可用八次（趟）。

⑤ 通行證：寫上你所屬的團體，以及地址和領隊的聯絡電話。如果走失的話，便能將通行證交給任何可以幫助你的人，請他指引你回去的路。P.S.上面還附有世青週每一天的早餐券，可以在世青設置的任何早餐站取用。（畢竟餐卡可以省著點，用來吃大餐，早餐也不能不吃，對吧！）

⑥ 十字架：每個朝聖者只有一個2013年世青專屬的十字架！

⑦ 文化導覽手冊：介紹巴西的相關訊息。

⑧ 朝聖者指南：所有世青週所需要的資訊都在裡面！

⑨ 基督徒手冊：此次世青的主題介紹。

⑩ 教會禮儀手冊：介紹各項禮儀的意義。

⑪ 水壺：每天都要喝足夠的水！

　　除了這個背包之外，在我們剛到巴西的那一天，小灰團也有發給大家一個小袋子，裡面裝有玫瑰念珠、法文加英文版的日課與彌撒經文、一件T-shirt、一頂鴨舌帽，還有一台收聽即時翻譯的收音機（用於收聽現場轉播的翻譯）。現在我終於明白，為什麼之前在行前培訓時，領隊一再提醒我們要把行李減到最少，原來在旅途中還得領取這些配備。領到朝聖者背包後，幾位夥伴都因為東西太多而感到苦惱。

✕ 再次強調團體的約定 ✕

高神父提醒大家確認完背包裡的物品後，表情有點嚴肅的說：「接下來的一週，我們都會在里約市區度過，同時也會有一兩百萬人湧入這個都市，除了務必注意自身安全、把財物保管好之外，也請大家遵守團體之間的約定。」之前在沃爾塔雷東達時，曾發生過幾位團員遲到、跟不到車的情況，對團體的行動造成了一些影響。神父和領隊都再三強調，如果這類的情況發生在里約，後果可能就不堪設想了。

於是，領隊又特別宣布一次「團體的約定」。

1. 每天出發前，都會先公布當天的行程與集合時間，若以小組行動，每一組必須至少有一人了解交通路線，萬一人太多被沖散時，各小組可以自行到達目的地。

2. 每個人要隨身攜帶「住址及領隊聯絡電話」的紙條，如果真的和團體走失，至少可以用這張紙尋求幫助。

3. 里約治安不好，雖然世青期間警方已加派人手，到處都可以看到警察，小組長還是要隨時注意組員的情況，不要獨自行動。如有必要，可先約定好集合時間和地點，至少三個人一起行動。

4. 上下交通工具時，互相提醒上車或下車，以免跟丟。

5. 守時！一定要守時！

6. 從台灣帶過來的斗笠務必好好保管，人多時可以靠斗笠互相辨識！

守時！
一定要守時！

大家戰戰兢兢的記下所有注意事項後，都忍不住進入夢鄉了……

﹨ 回到基督山（Corcovado）﹨

在車上睡了很久，一覺醒來竟然已經到達里約，天色也黑了。我們來到基督山下的聖達德教堂（Paróquia São Judas Tadeu），卸下車上的所有行李，然後背起大背包，徒步走到世青大會為我們安排的住處——山腰上的一間幼稚園。

那天晚上下著毛毛雨，我們背著各自的大背包，慢慢的往上「爬」。走在又陡又滑的石磚路上，我馬上了解到，為什麼小灰團不讓大家帶行李箱了！

聖達德教堂的位置，就在通往基督像的纜車車站對面，非常顯眼。

世青大會週裡，我們每晚都要爬這段路，走回幼稚園。

到了幼稚園，負責的修女們幫大家分配房間、介紹環境之後就去休息了。男生和女生分別睡在兩間大教室裡。男生人數比較少，高神父跟領隊吩咐第二天的早禱和集合時間後，大家很快就洗好澡、鋪好睡袋準備就寢。女生們人數眾多，因為房間裡只有一間浴室，必須輪流使用，所以有幾個人過了半夜一、兩點才睡。

女生房間裡的浴室。

女生們在房間裡鋪睡袋，調整睡覺的位置。

╲ 做好準備，迎接世青週！ ╲

　　雨下了一夜，到早上似乎還是沒有停的打算。起床後，我換上台灣小灰團的團服，刷牙洗臉後便下樓準備早禱。可能是下雨的關係，我覺得特別冷。其他人也都陸續醒來了，雖然經過前一晚的「好漢坡」，消耗太多體力，起床後大家都覺得腰酸背痛的，早禱時還是全員到齊了！因為前兩個禮拜所磨出的默契，每天的「日課」似乎已經變成比吃飯還重要的事情。

　　早禱後，我和一位夥伴聊到，接下來這幾天，我們每天都要走很多路，和上百萬的朝聖者一起擠在里約市區，想想還真有點害怕，不知道會不會出現失控的情況。夥伴說：「如果沒有做好心理準備，或者忘了當初來朝聖的初衷，我們都有可能情緒失控。還好每天都有日課和彌撒，能夠帶來力量。」聽到他這番話，我不禁發現，日課和彌撒好像真的有某種魔力，能幫助我平靜下來。這股魔力究竟從何而來？我忍不住想多了解一些，便請夥伴繼續解釋……

唸日課，是小灰團
每天的固定行程。

小灰神父帶著大家唸日課。

　　「日課，又稱為『時辰頌禱』（Liturgy of the Hours），是指在一天中某些固定時刻進行的祈禱。原先只是修院內神職人員進行祈禱的模式，後來才慢慢推廣至一般教友當中。日課所使用的聖詠，本來是古代的教會聖人、先知們為讚美上主所寫的禱詞或聖詩，再用特定的旋律去『唸』出來。」

　　與其說是「唸」，我倒覺得比較像是在「詠唱」。剛開始幾天，都是由神父領頌，其他人答頌。到後來，每天都有自願的夥伴，在早禱、午禱和晚禱時段分別領頌。

　　他繼續說：「從禮拜一到禮拜天，每天都有固定的聖詠跟禱詞，其中我最喜歡的是每天晚上睡前晚禱的『謝主曲』（《路加福音》一章46-55節，請參閱頁285）。藉著這個禱詞，我們將當天所經歷的一切，無論是快樂還是疲累，都以感謝的心獻給天主，同時也提醒自己──『我是被天主所愛、所祝福的』，要好好珍惜活著的每一天！」

　　「那麼，彌撒呢？」我問。

在幼稚園的遊戲區舉行彌撒。

神父在彌撒的聖祭禮儀中祝聖麵餅。

　　「彌撒（拉丁文：Missa）的意義，其實是由神父『重現』最後晚餐的場景。耶穌在最後晚餐中，擘餅給十二個門徒，要門徒藉著餅來紀念他。因此，每一次參與彌撒，都是在分享耶穌的生命。彌撒流程包括進堂禮、聖道禮儀、聖祭禮儀，以及禮成式。在彌撒中，我們透過聖言獲得力量，同時把生活奉獻給天主，祈求祂的引導和帶領。」

　　我把他說的彌撒流程記錄在筆記本上，希望之後參與彌撒時，能夠有更深刻的體會。

我的朝聖筆記——彌撒流程

願你們平安！

1 進堂禮

具有開端、引導和準備的作用，目的是幫助共聚一堂的每個人，建立團體氣氛，一起準備心靈，聆聽天主的話、參與接下來的彌撒禮儀。

2 聖道禮儀

由兩位教友宣讀聖經中的兩段經文，再由神父宣讀當天的福音。神父通常會在宣讀福音之後的證道時間，向大家講解福音的內容，並特別提醒我們，如何在每一天活出福音精神。

3 聖祭禮儀

聖祭禮儀包含「奉獻餅酒」以及「成聖體聖血」。「成聖體聖血」是紀念耶穌在最後晚餐時，親自建立的祭獻。因此，這也是整個彌撒中最重要的部分，藉著神父的祝福，麵餅成為真正的耶穌聖體。接下來，教友們能夠領聖體，與耶穌合而為一，分享耶穌的生命。

4 禮成式

接受神父的祝福與派遣，活出充滿愛與希望的生命。

✕ 好消息！壞消息！✕

領隊提醒大家集合後，高神父說，要宣布一個好消息、一個壞消息。

他先說壞消息：往年里約的冬天幾乎都是適合旅遊的好天氣，但是這幾個禮拜一直不停的下雨，原本準備要舉辦世界青年日閉幕彌撒的場地，是在伊塔蒂亞亞國家公園中，風景非常漂亮的一塊露營區，卻被連日大雨產生的土石流沖毀了。

我們都張大嘴巴，聽神父繼續講好消息……

「好消息是，大會決定將閉幕彌撒的場地移至科帕卡巴納海灘（Copacabana Beach），而且從今天開始的開幕彌撒，以及接下來幾天的主要活動，也都是在科帕卡巴納海灘舉行！」

科帕卡巴納海灘！大家聽到後，都開心地舉起雙手歡呼起來。我們實在迫不及待的想要前往巴西里約最著名的海灘！雖然外面的雨還在下著，大夥心中的激動和興奮卻絲毫不減。我們早已穿好雨衣，準備出發囉！

Part3

12
澆不熄的熱情

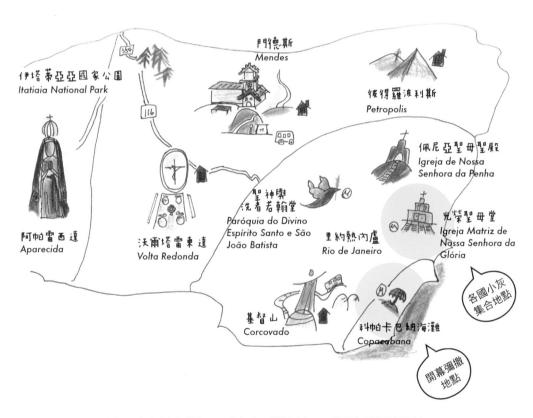

★ 為說明小灰活動地點的相對位置，將各點距離拉近表示。此圖與實際比例不符。

⚘ 排隊領早餐 ⚘

出發了！神父說，這幾天都要戴斗笠，以便在人潮中看見夥伴，比較不容易走散。不過，穿著雨衣又戴著斗笠，還要隨時確定「通行證」有掛在胸前，真有點不方便。還好走了不久，雨勢就慢慢變小，我便立刻脫下雨衣。

大會週的第一個行程，就是到山下的聖達德教堂領早餐。到了教堂門口，就開始排隊。工作人員依序檢查每位領餐者的通行證，在通行證上「標示當天日期」的格子內打個洞，接著發送餐盒。每張卡限領一份。餐盒裡面有小包裝的烤吐司、果醬、巧克力醬、餅乾，以及鋁箔包果汁。用完餐後，可直接將餐盒壓扁、放到旁邊的回收處（紙盒的設計就是強調環保）。

領取早餐盒。

果汁、可可、餅乾、巧克力醬、花生醬、起司塊。

餐盒內容物。

╲ 里約大冒險 ╲

我們走到公車站牌前，準備搭車前往下一個集合地點。在里約市區的每一次移動，都像一個考驗，就連等公車也絲毫鬆懈不得。每個人都得提高警覺，以免不小心被人潮沖散，或者錯過公車。

領隊已宣布要搭乘的公車班次，並告知組長下車之後的集合方式。神父強調，不論任何行動，都要以小組為單位。要是有組員上不了車，全組成員就必須一起搭下一班車，千萬不能有人落單。

很快的，公車來了。各組組長緊盯著組員，確認每個人都上了車。

上車需要花一點時間。里約的每一輛公車上，都會有司機和收銀員。拿出交通卡，在感應器旁邊「嗶嗶」之後，還得先通過一個像「搭雲霄飛車的遊樂場門口」的那種旋轉台，而且一次只有一個人可以通行。推動旋轉台，聽到「喀」一聲之後，才能進入車廂。沒有交通卡的話，就要直接付現金給收銀員，若是再加上「找零」的動作，時間便會拖得更長。

據說通過旋轉台的時候要把自己的背包放在前面，以免後面有小偷趁你「卡」進旋轉台的時候，伸手打開你的包包，跟你借一些東西……

1　里約的公車司機。
2　第一次搭乘里約的公車。

第一天就有人忘了帶交通卡和餐卡，只好請同組的組員幫忙，彼此分擔。如果沒有交通卡，就必須支付3黑奧的費用。

我們每次上車之後，都會互相幫忙看顧彼此的包包，提醒每個人把拉鍊拉好或鎖上。在車上，大家都繃緊神經，不敢睡覺。因為人真的多到連往前踏一步都要不斷的擠，很怕來不及跟著一起下車。而且這裡的公車司機各個都像賽車手一般，踩油門和煞車都很猛，簡直跟台灣的公車司機有得比。因為公車衝得很快，稍不留神就有可能坐過頭。

有些夥伴留意到，里約公車上的「博愛座」示意圖相當有趣，除了提醒民眾讓座給老人、孕婦、行動不便者之外，還要讓座給「體型較胖」的人，和台灣不太一樣。

1 公車上的旋轉門。
2 若是沒帶交通卡，就必須付現金。
3 把背包背在胸前比較安全。

公車上的「讓座示意圖」。

✕ 光榮聖母堂（*Igreja Matriz de Nossa Senhora da Glória*）✕

我們在馬查多廣場站（**Largo do Machado**）下車，大家一起走到廣場對面的「光榮聖母堂」。

由聖若望修會所帶領，來自世界各地的朝聖團都聚集在這個聖堂，有來自法國、美國、台灣、韓國和其他國家的小灰團，在世青週的第一天一起唸日課，並聆聽神

各國小灰陸續前往光榮聖母堂。

在光榮聖母堂內唸日課。

父講道。當天是由一位小灰神父用法文講道，各國神父再透過發送器，分別將道理翻譯成各種不同的語言。美國小灰團的神父譯成英文，韓國小灰團的神父譯成韓文，台灣小灰團的高神父則是翻譯成中文。這樣的畫面相當有趣，有一種小型聯合國的感覺。

我拿著收音機調整頻道，聆聽高神父翻譯的內容，有時收訊不太好，需要很專注才能聽懂。

1
—
2

1 光榮聖母堂是來自世界各國的小灰團，在大會週的主要集合地點。
2 光榮聖母堂內部。

⌇ 使用餐卡 ⌇

到了午餐時間，我們在教堂附近找了一間可以刷「餐卡」的自助餐廳，立刻走進去，準備填飽肚子，為下午的旅程補充能量。

我隨意夾了一塊牛排、幾道菜，以及一大盤黑豆飯，很快就吃飽了。有些夥伴吃不慣黑豆飯，我倒是很喜歡。「黑豆飯」可說是巴西的「國民美食」，幾乎在每家餐廳都能吃到，但是他們的餐點費用普遍偏高，簡餐類也都要將近20到30黑奧。

餐廳裡的自助吧。

在里約，也有不少類似台灣自助餐的餐廳，就是自己拿著盤子夾喜歡吃的菜，以秤重的方式計費。如果食量不是太大，不到二十元就可以吃飽，也可以試試當地的口味嚐鮮。

沿途的里約街景。

`、 地鐵初體驗 、`

午餐後，我們在光榮聖母堂前面集合，打算盡量避開人潮，搭地鐵提早前往開幕彌撒的場地——科帕卡巴納海灘。

巴西的地鐵站不像巴黎或紐約那樣老舊，但也沒有特別乾淨明亮的感覺。雖然我們已經提早出發，地鐵站還是擠滿了人，大部分都是背著世青背包的各國青年。進站之前，我再次檢查隨身背著的小袋子，確定有把交通卡放在容易拿取的位置，以免到時找不到，耽誤了進站時間。

地鐵站裡有幾位志工，手上舉著大大的牌子，上面標有世青LOGO，以及「MAY I HELP YOU?」的字樣。

準備進入車廂時，我們再度繃緊神經，握住前面夥伴背包上的把手，確定全組成員都有聚集在一起。上車後，也得保持警覺，看好自己的背包，並幫忙留意其他夥伴的行李，以及我們的國旗和旗竿。在車廂裡，大家的情緒都很高昂，一邊留意著還要搭幾站，一邊開心的聊天。旁邊不知是哪個國家的青年，更一路大聲呼著口號，好像是喊著：「耶穌，萬歲！教宗，萬歲！」

地鐵站的世青志工幫朝聖者指引方向。

里約地鐵站。

捷運車廂內。

出站，準備前往海灘。　　　　　　　　　　科帕卡巴納海灘沿岸。

　　在熱鬧的氣氛下，我們很快就到站下車，走向海灘旁的道路。海灘旁有人行道、自行車道和汽車道，另一邊則是一整排的高級飯店跟餐廳。我們走在人行道上，一邊看著路上風景，一邊快步前進。

　　走在前方的團員拿出事先準備好的旗竿跟台灣國旗，用力地揮舞著。我看著遠方大會搭起的舞台，大概只有指尖指甲的大小。整條沙灘約長四公里，沿線架設著大螢幕，為的是讓沙灘上的人都能透過螢幕，看到遠方會場的畫面。我們的計畫是，如果無法走近前面的會場，至少也要找一處可以坐下來，近距離看到大螢幕的地方。

　　天空還是微微下著細雨，每個人心裡可能多少都擔心著，如果突然下大雨該怎麼辦？還好我們戴著斗笠，它真是陪伴我們日晒雨淋的好朋友。不過，也因為戴著斗笠，我們變成路上最顯眼的一群人，當我們一踏上海灘，便開始感到困擾……

踏著沙灘,往會場的方向走。

越靠近前方，遇到的各國青年也越多。

世青主題沙雕。

✕ *Photo! Photo!* ✕

　　我們把鞋子脫掉，踩著沙灘一路向前走。離前方的會場越近，沿路遇到的各國青年也越多。許多人走向我們，表示要和我們合照。他們大喊「Photo! Photo!」然後不停的一手指著我們的斗笠，一手比出拍照的姿勢。

　　一開始，我們都很開心的拿出台灣國旗和他們合照，也和一些人交換各自帶著的小禮物。大家都對我們的斗笠很感興趣，想要借去拍照，甚至有人想要用其他物品來交

戴著斗笠的我們，引來拍照人潮。

換，但我們都婉拒了，因為高神父曾經再三叮嚀，斗笠要保留到世青最後一天才能與人交換。

結果，一批人拍完照，沒走幾步路接著又有下一批人上前與我們合照。我們好像變成人形立牌似的，連短短一段一百公尺的路，都無法順利前進。後來我們發現，如果再不往前走，等到人潮都湧進來，就很難走到能看見大螢幕的位置了！

在斗笠上彩繪能夠代表「台灣」和「基督徒」的圖樣。

終於找到大螢幕前方的定點。

於是，團員們都很有默契的快步往前走，再遇到想拍照的人，一律揮手拒絕。（有點不好意思，但我們必須這樣做。）好不容易，終於找到一處視野不錯（能看見大螢幕）的地方，這才趕快坐下來，把國旗和旗竿安插在沙灘上，等著後面的人過來會合。

沙灘上的小販。

╳ 澆不熄的熱情 ╳

這時，天也差不多黑了，我們都坐下休息，準備接下來的開幕彌撒，雨還是一陣一陣的下著。

風越來越大，我們坐下之後身體便開始冷了起來。大家紛紛穿上外套，因為下雨淋濕了衣服，有人冷得直發抖。

小販不停的在人群中穿梭著，有的人賣水，叫賣著「Aqua! Aqua! Aqua!」，有的人賣雨衣跟雨傘。時間越晚，四周的人也越來越多。

突然，音響傳出音樂聲，大螢幕上也出現舞台的畫面。舞台上開始有人表演舞蹈，年輕人列隊把世青的十字架跟聖母像帶上祭台。我們拿出收音機，聽神父幫我們作即時翻譯。

「教宗會來嗎？」

　　「不會吧，雖然聽說教宗已經到巴西了，但是要到『迎接教宗』那天才會看到他。」

　　彌撒開始前，大會邀請我們為失業青年、巴西舞廳火災的遇難者、坎德拉里（Igreja da Candelária）教堂前被屠殺的流浪兒童，以及在車禍中喪生的法國女青年祈禱[1]。彌撒講道時，在台上說話的是里約總主教，他說：「里約在這個禮拜成為教會的中心，你們從世界各地前來，是為了一同分享信德，分享在各民族中傳播福音的喜悅。整個城市散發的青年熱情，向大家展示了基督徒年輕的面容，願意將真正的生活見證與福音的社會合而為一。」

彌撒開始，天氣也變冷了。

---

1 有一名參加世青的法國女青年，在里約發生的一場車禍中喪生。

總主教也談到，這是拉丁美洲在二十六年後第二次舉辦世界青年日（上次是1987年在阿根廷布宜諾斯艾利斯舉辦的），使這裡成為迎接首位來自拉丁美洲的教宗（指新教宗方濟各）、首次使徒之旅的地方。聽到這裡大家都興奮的起立鼓掌、歡呼喊叫著，好像我們都不再在意彼此之間國家、膚色、語言的不同，真正成為整個教會的年輕人。

　　開幕彌撒就在降福禮中平靜的結束。大螢幕在音樂聲中轉換成直升機空拍的畫面，整個海灘密密麻麻的一片，但還沒有到全滿。

　　「**徹夜祈禱那天，我們都會睡在這裡。**」
　　「**希望那天會是好天氣。**」

　　好期待那天的到來！

彌撒結束後，散場的人潮。

巴西小筆記

坎德拉里教堂屠殺
(Chacina da Candelária):

　　1993年7月23日，由軍警組成的「殺人小隊」在里約熱內盧的坎德拉里亞教堂外打死八名流浪兒童。兩個月後，維加里烏熱拉爾（Vigário Geral）地區的貧民窟有21名平民又遭「殺人小隊」殺害，據說是為在追擊毒販中遇害的四名警察報仇。警察們用「犯罪」制止「犯罪」。

　　在巴西，流氓警察與匪徒、販毒分子勾結已經成為公開的祕密。巴西的幾位議員曾經表示，一次又一次的慘劇證明，警察正在利用手中的權力，或者扮成匪徒屠殺平民。因為在他們看來，這些流浪者是社會的「渣滓」，對社會沒有「意義」。

　　由於巴西多年來經濟發展緩慢，百業蕭條，失業者、無家可歸者比比皆是，也出現大量的貧民和流浪者，犯罪率一直居高不下。有些警察解決這些社會問題的方法，竟是換成便服，找到落單的流浪漢和流浪兒，直接一槍解決。

　　根據1991年官方統計，巴西一年內有一千五百名流浪兒童被暗殺。

13
來自東方的朝聖者

伊塔蒂亞亞國家公園
Itatiaia National Park

門德斯
Mendes

彼得羅波利斯
Petropolis

中文要理
講授地點

佩尼亞聖母聖殿
Igreja de Nossa
Senhora da Penha

聖神與
洗者若翰堂
Paróquia do Divino
Espírito Santo e São
João Batista

光榮聖母堂
Igreja Matriz de
Nossa Senhora da
Glória

阿帕雷西達
Aparecida

沃爾塔雷東達
Volta Redonda

里約熱內盧
Rio de Janeiro

基督山
Corcovado

科帕卡巴納海灘
Copacabana

★ 為說明小灰活動地點的相對位置,將各點距離拉近表示。此圖與實際比例不符。

世青週的禮拜三到禮拜五，白天的行
程都是「要理講授」。

大會依照參加團體的語言，在里約安
排了許多教堂，讓參與世青的各國青年在
教堂裡接受主教們的授課。各地區的主教
團早在世青開始前就拿到有關這次世青主
題的道理，並依此準備要理講授的內容，
和青年展開對話。要理講授時間也是讓各
國的年輕人彼此共融、互相認識的時間。

中文要理講授的地點在靠近里約北區
的馬拉卡納（Maracanã），旁邊就是一
個地鐵站。第一天因為我們還不確定教堂

前往參與「華人要理講授」。

2014世界盃足球賽的預定場地。

的位置，決定選一條比較簡單的路線：搭乘地鐵從馬查多廣場站到馬拉卡納站。因為地鐵站的人實在太多，之後的兩天早上，我們另外找了一條公車路線，下車後再走一段路去教堂集合。

✕ 迎接世界盃足球賽，調漲公車費 ✕

一走出馬拉卡納地鐵站，就看到左方有一棟巨大的建築物，是為了2014年世界盃足球賽重新修建的馬拉卡納體育場（Maracanã Stadium）。

看著老舊建築物中間的新體育場，我想到世足賽中觀眾熱血沸騰、球員射門得分的畫面，卻也想到前一天在餐廳外遇到的一位老先

生。他很喜歡我們的「帽子」，就用英文問我們從哪裡來？而他居然知道台灣，也知道台灣與中國的歷史關係。「在歷史與政治的部分，台灣跟巴西的處境有點像」他說。

看到老先生這麼健談，出於好奇，我便問他知不知道有關最近當地政府調漲公車費用，民眾因此抗議的事情？他說：「政府只想要辦世足賽，並沒有真正的關心人民，還想要調漲公共交通的費用，人民應該起來反抗。」

我以為所有的巴西人都很喜歡踢足球，所以我接著問他，那你喜歡踢足球嗎？他說：「年輕的時候踢過，現在再也不踢了！最近巴西還發生一件因為足球起爭執、殺人的事情，實在太可怕了！」[1] 這時組員們已經準備好要出發，我們無法再多交談，也就趕快跟他道再見，繼續下一個行程。

當地居民的生活似乎不像我們在廣告媒體上看到的那樣「幸福」，想到剛剛地鐵上的巴西當地人也都低著頭，沒有因為各國青年們興奮唱歌的熱情而抬頭多看幾眼，面對一邊蓋新足球場、一邊調漲公車費的政府，巴西人真的都會像我們一樣關心足球賽嗎？世界上充滿著許多的不公平、貧富差距甚或戰爭，天主為何容許這些不幸呢？突然有很多複雜的情緒與疑惑衝擊著我，在前往教堂的路上，我不斷想著這些問題。

1 2013年6月30日，在巴西東北部的馬蘭豪（Maranhao）地區，有一場業餘的足球賽。20歲的主裁判判決一名球員一張紅牌，球員理應出場禁賽，但他不服判決，便和裁判發生口角衝突。球員不願離開，裁判竟然拿出一把小刀刺傷對方，對方送醫急救途中不治身亡。這場紛爭引發場邊親友憤怒的進入場中，用石塊將裁判打死，最後居然還砍下雙腳，將頭顱插在木樁上示眾。這件暴力事件引發巴西全國關注，並引起大眾討論青年暴力問題。天主教會還因此舉辦遊行、福傳祈禱等活動，提醒政府正視巴西青年所面臨的困境：貧窮、毒品和暴力。

聖神與洗者若翰堂。

╳ 「華人」教會 ╳

走了大概十分鐘左右，我們來到中文要理講授的場地：聖神與洗者若翰堂（Paróquia do Divino Espírito Santo e São João Batista）。

在這裡我們和來自香港、澳門、馬來西亞、中國和所有聽中文道理的教友們會合，也終於和台灣其他參加世青的團體碰面。

台灣嘉義教區的鍾安住主教，以及香港的陳日君樞機主教都來到現場。在台灣參與培訓時，曾見過鍾主教一次。他是一位很有活力的主教。在巴西里約聽到他講話，來自台灣的我們都不禁露出微笑，有種熟悉的親切感。他分享來到巴西，看到各國年輕人的熱情，也期許台灣的青年可以將世青

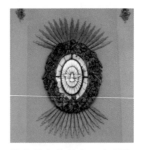

祭台後方的牆上，象徵聖神的醒目標記。

年日的熱火帶回台灣，帶動更多青年一起站出來，為教會服務。

與陳樞機則是第一次見面。滿頭白髮的他，眼睛有點半閉著，講起話來，一句一句，慢慢的，卻很有力量。他請大家為教宗與中國的教友們祈禱，現在中國教會面臨中國共產黨非法祝聖主教的危機，使教友陷入信仰的難題。印象最深的是，他在講道的最後提到，希望有一天可以看到在中國舉辦世界青年日，教宗在天安門廣場上舉行彌撒。大家聽完都感動得用力鼓掌歡呼。

1
—
2
—
3

1 台灣嘉義教區的鍾安住主教。
2 香港的陳日君榮休樞機主教。
3 主教主持中文彌撒。

✕ 這一生最美的祝福 ✕

＼ 深刻的生命分享。／

除了主教的要理講授以外，每天都由不同的團體負責，帶領破冰活動跟見證分享。

第一天是由MAG+S台灣團[2]負責的分組討論活動，我們依照不同的主題自行選擇想要加入的組別，在各組會遇到來自不同國家的夥伴，彼此分享生活與信仰上的經驗。

第二天是個人分享，小灰團派了兩位團員上台。第一位分享了自己在考慮參加世界青年日時，親人突然生病住院的過程，信仰幫助她面對難關，做出朝聖的決定。第二位團員的分享則是，耶穌如何讓原本固執、憤怒的她，轉變為處處為人著想、熱心服務的人，也教大家唱她最愛的一首歌——「這一生最美的祝福」。

讓我印象最深的是另外一位女士的分享。她聽完前面兩位的分享後，激動的想要說出自己的感動。她是一位坐著輪椅、來自中國的女士，她想告訴

用歌聲讚美上主。

一起朝拜耶穌聖體。

大家，對她來說，要來參加世界青年日是多麼困難的一件事。從中國出來的過程，再加上身體上的種種不便，一路上有太多困難需要解決。但她最後還是來到這裡，在遙遠的巴西跟大家見面。她勉勵大家不管身處多麼困難的環境，受到多麼大的壓迫，都要靠著信德，把全部交付給祂，因為光是認識祂並信靠祂，就是我們「這一生最美的祝福」。

2 2013MAG+S生活體驗朝聖團，是由台灣基督生活團和耶穌會青年工作小組共同帶領的團體。

✕ 練習排隊 ✕

第一天的要理講授結束後，神父建議我們去參加一個園遊會，地點在巴西國家博物館旁邊的公園，那裡有一些介紹各修會的攤位、臨時告解亭，也有明供聖體[3] 的空間。

神父要求我們以小組行動，從馬拉卡納地鐵站往回坐一站，到聖克里斯托夫站（São Cristóvão）或是直接步行過去比較快，只是需要想辦法越過鐵路到另一邊。我們這組決定步行前往。由於還在下雨，而且越下越大，我們便戴上斗笠、穿起雨衣，往神父所指的那個方向走。

❧ BEATA IRMÃ DULCE

真福杜思修女的聖髑[4]

介紹各修會特色的攤位。

❧ STA. TERESA DE LOS ANDES

安地斯聖德蘭的聖髑

❧ STA. TERESA DE LISIEUX

聖女小德蘭的聖髑

每個白色的告解亭後方，都有一位神父等著聽告解。

明供聖體。

　　經過新蓋的足球場，走一段路之後，終於看到下一個地鐵站。地鐵站旁邊有一座天橋，連接到對面的馬路邊。看到人龍已經從天橋的另一邊蔓延出來，我們便手拉著手往人群中走。因為下雨的關係，身上又濕又熱，大家的心情也都浮躁起來。擠在隊伍當中緩慢前進，有好幾次都被旁邊的人踩到腳，當下很想往回走，卻又被人群推著往前進。

　　好不容易走下天橋，卻又被公園人山人海的景況嚇到了。

　　「怎麼辦？要進去嗎？」
　　「我很想進去看看！」

　　既然來了，還是進去吧！穿梭在下著雨的人群中，我們隨意看了幾個介紹修會的小攤位，這才知道全世界原來有那麼多不同的修會團體，他們的服裝造型也各有特色。可惜人群太擁擠，實在不方便拿出相機，不然真想與各修會的神父、修女合照，留下紀念。

---

3 將耶穌聖體放在聖體光內，供信友仰瞻。
4 聖髑：聖人遺骨或遺物的一部分，通常會放在教堂內的聖物或聖像中。

╳ 地鐵站驚魂記 ╳

離開公園後，我們跟著人群走上天橋，準備搭地鐵回去。好不容易移動到地鐵站門口，結果竟然動彈不得。

車站裡開始出現騷動，陸續傳來尖叫和大喊的聲音。我們設法往回走，後面的人潮卻不斷向前擠上來。就這樣，裡面的人出不來，外面的人也進不去，大家都被卡住了。因為語言不通的關係，有些人開始互相推擠，還有人打了起來。我緊緊牽住前後兩位夥伴的手，不讓他們被人群擠開。這樣僵持不下的場面，彷彿有一世紀那麼長。

原來這個地鐵站同時也是火車站，入口處只有一條很窄的天橋，無法容納那麼多人同時進出，車站內又熱又擠。推擠之中，不少人扭傷了手腳，有人再也忍不住情緒，失控大哭。

好不容易，在警察的指揮之下，人群開始往天橋下疏散。我們繼續手牽著手，緩慢地走下天橋。感謝天主！終於脫困了。

其他夥伴站在天橋下向我們揮手，我們上前會合後，繼續等待還沒有出現的小組。等了一陣子，大部分的夥伴都到齊了，只剩下一些跟神父同組的人。我們猜想他們總是動作最快的一組，應該是不會被卡在車站裡面。於是我們決定步行往回走，如果找得到公車站牌，再搭公車回去。

擠滿人的地鐵站。

和教宗擦身而過

走過一段人煙稀少的地區，我們又餓又累，也很擔心是不是走錯方向。後來，終於看到前面有個公車站牌，周圍站著很多人。仔細一看，他們不太像在等公車。我看到一位帶著美國國旗的青年，便上前用英文問他，大家在等什麼呢？

他說：「我們在等教宗！」

這時才發現，前方馬路中間有一排柵欄，柵欄旁邊還有很多警察在指揮交通，手裡拿著呼叫器，神色很緊張的樣子。原來教宗的座車會從這裡經過。我們聽了驚喜不已，索性跟著一同等待。

這時候聽到直升機的聲音，接著有幾台車快速從眼前通過，我們和路旁這群外國青年一起大聲喊叫：「Papa! Papa!」（教宗！教宗！）我只看到車上有個穿著白色衣服的身影，好像在向我們揮手。

先前在地鐵站時，大家都出現了不少負面的情緒，憤怒、不安、驚慌、煩躁⋯⋯，帶著這些情緒，我們繞了點路，漸漸在步行中感到平安，沒想到還有機會提前看到教宗。雖然只有短短幾秒，也足以讓人情緒沸騰。

主啊，這也是祢為我們作的安排嗎？

等待教宗座車經過。

╳ 神父的眼淚 ╳

中文要理講授的最後一天，當地的堂區神父在彌撒後說了一些話。

神父感慨的說，自己要在很多教堂之間奔波，可能一個月才會來這個教堂舉行一次彌撒。這裡的教會和其他都市中的教會一樣，年輕人週日也都不肯來教堂參與彌撒。他感謝我們這些「東方朝聖者」的到來，使他們的教堂在短短幾天內得以舉行這麼多台彌撒，也讓這個堂區重新充滿活力。說著說著，他就哽咽了，我們底下的人也都感受到滿滿的感動。

當地的堂區神父。

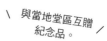

與當地堂區互贈紀念品。

　　活動結束後，我們在門口拍了大合
照，每個人還收到一串玫瑰念珠和一張紙
卡，是當地教友對我們的祝福。他們為世
青朝聖者一人唸一串玫瑰經，在紙卡上寫
著自己的名字跟祝福，希望收到的人也能
為他們唸一串玫瑰經。

中國共產黨非法祝聖主教：

中國將天主教教宗直接任命的主教——關進監牢或強制驅逐遣返，並由中國宗教局指派官方認可的人選擔任主教。中國教會轉往地下化，在私人家中、祕密地點舉行宗教禮儀，中國教友稱之為「地下教會」，並視之為「正統教會」；由政府直接指派的主教所帶領，相對公開、被政府認可的，則被稱作「地上教會」。近年來，中國政府強迫一些由教宗任命的神職人員，在支持中國共產黨的前提下，由宗教局任命的主教帶領，可繼續執行教會事務、舉行聖祭，使得中國教會的情況更加混亂。

巴西國家博物館（MUSEUM NACIONAL）：

最初被稱為皇家博物館，當時殖民巴西的葡萄牙政府研究當地的生態環境，收藏許多巴西特有的植物、動物，特別是鳥類。直到熱心研究科學的佩德羅二世（Pedro II）時，開始推動巴西當地的人類學、考古學、地質學、自然環境的研究發展。巴西獨立後，為消除葡萄牙殖民帝國的象徵，昔日皇宮變成國家博物館與公園（Quinta da Boa Vista Park），交給里約熱內盧聯邦大學（Federal University of Rio de Janeiro）管理。

開放時間：禮拜二到禮拜天，早上10點至下午5點（依季節調整）
門票：3 黑奧

14
和教宗一起
拜苦路

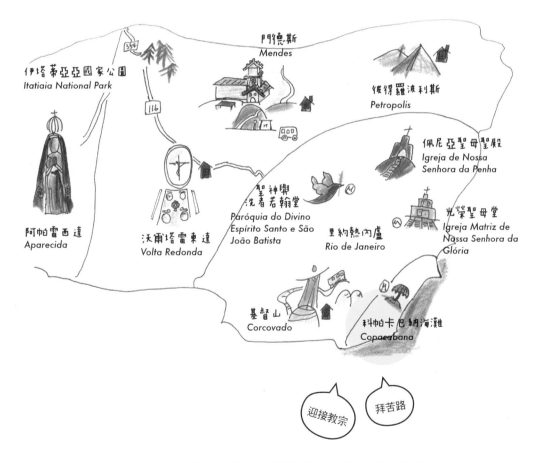

門德斯
Mendes

伊塔蒂亞亞國家公園
Itatiaia National Park

復得羅波利斯
Petropolis

佩尼亞聖母聖殿
Igreja de Nossa
Senhora da Penha

聖神與
洗者若翰堂
Paróquia do Divino
Espírito Santo e São
João Batista

光榮聖母堂
Igreja Matriz de
Nossa Senhora da
Glória

阿帕雷西達
Aparecida

沃爾塔雷東達
Volta Redonda

里約熱內盧
Rio de Janeiro

基督山
Corcovado

科帕卡巴納海灘
Copacabana

迎接教宗

拜苦路

★ 為說明小灰活動地點的相對位置，將各點距離拉近表示。此圖與實際比例不符。

禮拜四下午，我們離開中文要理講授的教堂，分組前往科帕卡巴納海灘，準備「迎接教宗」。

當天晚上，教宗的座車會沿著海灘旁的車道經過。較早抵達海灘的人，可以選擇要在路邊等待教宗，或是坐在沙灘上看大螢幕的轉播。為了快速抵達海灘，大部分的夥伴都立刻出發，打算先到海灘附近再買午餐。不過，每家餐廳幾乎都是大排長龍，連買個Pizza也等了將近一個小時。

沿路都能看到舉著旗子的青年。

在海灘附近買Pizza吃。

把握時間和各國青年交換禮物。

我們這組比較晚到，到達海灘時，車道兩邊已經被圍起來了，只能站在人群後面等待。我們沿著站滿人的圍牆邊走著，終於找到一處圍牆後面站立的人還不算太多的地方，我們便站在他們後方。

越接近晚上，四周站立的人也越多。大家都想盡辦法，找到能看見教宗的最佳視野，有人爬到樹枝上，有人爬到流動廁所上方，舉好相機等待著，不願錯過教宗經過的那瞬間。等了一陣子，聽到遠方出現歡呼聲，就知道教宗來了。隨著歡呼聲漸漸變大，教宗也越來越近。我踮起腳尖向前張望著，不知道教宗會不會在我前面停下來？

為了看教宗而爬上樹的青年們。

看到了！我看到教宗了！他站在一台敞篷座車上，向兩邊的群眾不停地揮手。

聽說「教宗座車」（Popemobile）是源於前教宗聖若望保祿二世，因為他渴望更接近群眾，讓大家更容易看到他，才有了這樣的設計。教宗座車有點類似敞篷的吉普車，但在他遇刺之後（1981年），便開始配備防彈玻璃。不過，現任教宗方濟各為了接近群眾，仍然選擇乘坐敞篷車，儘管幾前天曾有消息指出，當教宗方濟各於阿帕雷西達舉行彌撒前，在現場發現了爆裂物。

教宗座車在我們前方停了大概五秒左右。有人高舉著相機狂按快門,有人用力的向教宗揮手,或者揮舞手中的國旗。

等到座車遠離了視線,大家就開始分享彼此所拍的照片,懊惱來不及拍、拍不清楚或是沒有開閃光燈之類的。有人沾沾自喜的說,錄到了清楚的畫面;有人說自己只顧著拍照,卻沒有親眼看到教宗;有人沒有說話,熱淚盈眶。

教宗親切的向我們揮手。

教宗座車的設計,是為了讓教宗接近群眾。

教宗方濟各（Pope Francis）

剛剛從我們眼前經過的，就是教宗方濟各。

還記得今年（2013）二月份，就在我剛決定要參加世青後不久，聽到前一任教宗本篤十六世宣布「辭職」的新聞。當時，教宗宣稱自己因為年邁，無法繼續帶領教會，在經過深切的祈禱之後，決定卸下教宗職位。一直到三月份的教宗選舉會議，才選出了新任的教宗方濟各。之後，我一直留意著新教宗的相關新聞，期待能夠在巴西親眼見到他。

新教宗方濟各來自南美洲的阿根廷，是一位經歷過獨裁政權的神父。在成為主教後他拒絕入住主教公署，堅持住在原本居住的小公寓中，和一般人民一樣搭公車去主教公署上班。當他成為教宗後，仍舊保持相同的作風，在公開場合上處處可見這個教宗的與眾不同。他期許，現今的教會應該更關注窮人——那些真正需要被幫助的人。

按照慣例，新教宗上任後，要在面對聖伯多祿廣場的陽台上，為群眾舉行第一次的降福。那時，教宗方濟各卻提出一個歷任教宗從未做過的請求：「我請你們先祈求上主降福我，子民祈求天主降福他們的主教……」

多麼謙卑的教宗啊！

教宗方濟各。

我盯著前面的大螢幕，看到教宗座車繼續往前開。畫面裡，有人把孩子高舉起來，讓教宗祝福、親吻，教宗就像個慈祥的爺爺，伸手擁抱那個孩子；有的青年把飲料丟給教宗，教宗就像個豪爽的大男孩，一手接過那罐飲料；再繼續看，教宗竟然從座車上走了下來，伸手降福一位坐在輪椅上的朋友。

終於，教宗座車到達前方的主舞台。在未曾間斷的歡呼聲中，教宗走上舞台，高聲問候群眾，並發表一段談話，正式歡迎大家前來參與「世界青年日」這場盛宴。談話最後，教宗隆重降福在場的每一位。我看了看身旁的夥伴，每個人都在微笑。

那一晚，除了激情，我還感受到深深的平安。

拜苦路
(*The Way of The Cross*)

禮拜五，我們第三次前往海灘，參加當天晚上的活動——「拜苦路」。

「苦路」，指的是耶穌受審、背著十字架走向刑場的那段路，也可以說是「十字架之路」。「拜苦路」的傳統源自聖地耶路撒冷，是教友藉著行走此路，重現耶穌受難過程的敬禮儀式。直至今日，苦路簡化成「十四處」，教友可以在自己的堂區裡，透過「拜苦路」來紀念耶穌受難的路程，也是一種祈禱方式，為感謝耶穌為我們所做的一切。

沿著海灘旁的馬路，大會架設了十四個舞台，每個舞台都是一處苦路。

海灘旁擠滿了人。

代表耶穌的世青十字架隊伍，會扛著十字架，依序走向這十四個舞台。每到一處舞台前方，舞台上就會有表演者重現那處苦路的故事，可能是戲劇，也可能是舞蹈。整場拜苦路的活動，將由教宗主持。

這一天，我們同樣是下午從中文要理講授的教堂出發，前往海灘。這次我們這組記取教訓，提前出發，卻還是因為人太多而不容易進入會場（沙灘）。依照前幾天的經驗，可能有些人會在中途走丟，於是組長先和我們約定好活動結束後的集合時間、地點，接著打算一起手牽手擠進人群，找到一處能看見大螢幕的地方。

這幾天下來，我已經開始厭倦像沙丁魚一樣排隊前進的情況，覺得實在很累，便先和組員分開，打算找個空曠的地方休息一下，待會再進去。

會場內拜苦路的情況。

╳ 公園的流浪漢 ╳

拜苦路的活動開始之前，為了讓教宗抵達現場，通往沙灘的道路又暫時被封起來了。我來不及進入會場，只好先走到和組員約定集合的地點，在旁邊的公園坐下休息。

公園四周圍著柵欄，裡面有很多身穿世青主題衣服的朝聖者，或坐或站的休息著，看來跟我一樣進不去會場的人還真不少。（後來才知道，我們的團員中，也有幾個小組沒進入會場。）

公園裡有個公廁，許多人正排隊等著上廁所，外面的椅子上躺著很多流浪漢，他們各自佔「椅」為王，身旁放著許多家當，因此我們經過的時候會聞到一股酸臭味。

苦路開始了，大會音響傳出每一處的音樂和禱詞。這幾天的大會活動，都是以葡萄牙文進行的，由於聽不到神父的中文即時翻譯，收音機也找不到大會翻譯的英文頻道，我便找了一張椅子坐下，拿出一些早餐吃剩的餅乾來吃（每天的早餐幾乎都吃不完）。我翻開大會發的禮儀經本，跟著聽不懂的「聲音」一起走這段苦路。

有進入會場的夥伴。

⚔ 《G小調慢板》 ⚔

忽然，我聽見管風琴的聲音，緊接著小提琴聲也出現了！是阿爾比諾尼（Tomaso Giovanni Albinoni，1671~1751）的《G小調慢板》（Adagio in G minor）。隨著小提琴的旋律，我想起幾個月前剛過世的馬良神父，墜入高中時期管樂團的回憶中。

高中時參加的管樂團，是由來自加拿大魁北克的馬良神父帶領的。交響樂團裡小提琴的旋律和低音提琴重複的單音，一點、一點的把他團練時的語氣、動作、眨眼睛的樣子都拉回到我的腦海裡。在我心目中，他永遠是那個活潑又慈愛的神父，卻不是一個溫柔的人。他也常在台上對我們發脾氣，但我們都知道（至少我知道），他是在生自己的氣。我永遠記得他說過：「我知道我的脾氣不好，都是因為祂（伸出食指往上指）愛我，我才能夠去愛你們，用音樂來給你們祂的愛；一切都是來自祂。」

「我們應該愛，因為天主先愛了我們。」（《若望壹書》四章19節）

突然，我發現自己正顫抖著。想起整趟旅程中，有那麼多人因為這個信仰，向我們這些東方來的客人付出關心、提供食物，甚至把自己的房間讓給我們，這不也是因為他們感受到這份「來自天上的愛」嗎？想起唱歌的費南多、永遠怕我吃不飽的卡門、時常幫我們翻譯的高神父、陪我們走在最後的年加修女，還有身邊互相鼓勵的小灰夥伴們，同樣都是因為感受到這份愛，而願意透過各種方式，將這寶貴的禮物分享出去。

藉由這趟旅行，我漸漸認識了祂；藉由身體的疲憊和情緒的出現，我漸漸了解自己的有限；藉由這首曲子，我的心已被融化，想起從過去到現在的許多經驗、身邊陪伴我的許多人，我意識到自己是深深被愛著的……

耶穌為了世人的罪，甘願接受天父的旨意，到世上來走這段苦路，甚至被釘在十字架上。這是多麼大的愛呢？

↘ 被趕出公園 ↙

「嗶！嗶嗶嗶！」尖銳的哨聲打斷了我的感動。突然有警察進來吹哨，示意要公園裡的人全部出去。我疑惑地收拾東西，提著背包慢慢走出去。

這才看到公園入口處寫著：開放時間——AM8:00～PM8:00。

里約街頭。

我站在門口，眼角瞄到地上有個黑色大塑膠袋。正在疑惑那是什麼的時候，突然，它動了一下。原來是一個流浪漢！因為天氣冷，他用塑膠袋把自己包起來取暖。不知道為什麼，我竟感到莫名的羞愧和憤怒！怎麼會有這樣的國家，連無家可歸的流浪漢也要驅逐？我覺得無奈，卻又不知道該怎麼幫助他，只好把早餐盒（裡面還有一些小包裝的餅乾）放在他身邊，之後獨自蹲在一旁，等待同組的夥伴過來集合。

↘ 亂丟食物的小孩 ↙

活動結束後，夥伴也到齊了。我們準備走去車站搭公車，但附近的街道都被封鎖了，必須走到較遠的地方才行。經過一個轉角，有人說肚子餓想買東西吃，我們便停在路邊等候。

這時有兩個小孩坐在路邊，穿著破破爛爛的衣服。有一個青年從店裡拿出一盤食物，遞給他們。那兩個小孩用手抓著盤子裡的食物吃，還一邊拿食物往人群中丟。被食物砸中的人滿臉驚恐，不知道東西是從哪裡飛過來的，四處張望著。那兩個孩子看到他們慌張的樣子，大笑起來。我看到其中一個孩子正準備再丟其他人，便上前抓住他的手，對他搖搖頭說：「No！No！」他們露出不耐煩的表情，轉頭看到警車經過，就跑掉了。

「可能是附近貧民窟跑出來玩的吧？」

「也許吧！」

走很久才找到站牌，還在路邊的
中國餐館買了牛肉炒麵。

　　走在回家的路上，心情五味雜陳。我不斷想著，如果今天順利進到會場內，參加完整的一場苦路，是不是還會遇到那個流浪漢？還會想把早餐給他？是不是還會在路上遇到這兩個貧民窟來的孩子呢？我感覺到，耶穌正透過這些人提醒著我，這個社會上還有許多需要被關心的人。如果不是身在異國，我的眼睛也不會打開，看見這些日常生活中再普通不過的路人。在台灣時，我卻視而不見。

坐公車回住處的路上。

✕ 主啊！我在這裡！ ✕

回到住處後，我和幾位成功進入會場的夥伴聊天，希望聽聽他們的收穫。夥伴分享了教宗的談話：「當晚苦路每一處舞台的演出，都直接點出今日青年的困境：深受貧窮、暴力、疾病及失去希望所困。」

聽到這裡，我的心揪了一下，好像看到十字架上受苦的耶穌，正低頭注視著我說：

「我受苦的時候，你在哪裡？」

我又忍不住留下眼淚。其實之前在學校也曾接觸過拜苦路的活動，但並沒有深入了解苦路與生活的關係。聽著教宗的話，我才猛然驚覺，苦路並不是兩千年前的「歷史事件」，而是至今仍然持續著的一條路。

看著經本上的祈禱意向，我明白教會與世界並不是脫節的。社會上的每一個角落、每個人的痛苦，耶穌都關心、都願意承擔。所有社會問題（戰爭、青少年懷孕、墮胎、網路及各種成癮等）也與我息息相關。這時，心中好像有股力量在推動著我，要我去做些什麼⋯⋯。

較晚離開會場的夥伴，也搭上回程的公車。

我的朝聖筆記——
十四處苦路，
以及教宗當天的談話內容。

第一處：耶穌受審判

耶穌背負十字架、走上我們的道路，為的是把我們的恐懼、困難和最深刻的痛苦背在自己身上。

第二處：耶穌背負十字架

在基督的十字架上，我們找到一個能理解我們、原諒我們、愛我們的心。這顆開放的心要求我們將相同的愛帶入生命中，要求我們以相同的愛來愛護每一個弟兄姊妹。

第三處：耶穌第一次跌倒

若不放下自我、在生活中背起耶穌的十字架，就無法碰觸到耶穌的十字架。

第四處：耶穌與母親相遇

耶穌藉著十字架，與暴力的受害者，尤其是無辜和無力抵抗的人們，一同默默忍受痛苦，他們已經無力喊叫了。藉著十字架，耶穌和困境中的家庭以及為了喪子之痛哀泣的家庭結合在一起。

第五處：基肋乃人西滿幫耶穌背十字架

我們生命中無論大小的十字架，主耶穌都與我們一同分擔。

第六處：聖婦為耶穌拭面

藉著十字架，耶穌和那些子女染上毒癮的父母結合在一起，他們親眼目睹子女處於毒品的虛幻天堂中受苦。

第七處：耶穌第二次跌倒

藉著十字架，耶穌與那些對政治制度失去信心的眾多青年結合在一起，因為他們看到了政界的自私自利和貪腐。耶穌也和那些對教會、甚至是對天主失去信心的青年結合在一起，因為有些基督信徒和神職人員言行不一。

第八處：耶穌勸告耶路撒冷的婦女

基督的十字架上滿溢了天主的愛，滿溢了上主的無限仁慈。這正是「我們能信賴、能相信」的愛。

第九處：耶穌第三次跌倒

這龐大的愛進入我們的罪過，並寬恕了罪過；進入我們的苦難，並給我們面對苦難的力量；這愛也進入了死亡，好能戰勝死亡、拯救我們。

第十處：耶穌被人剝去衣服

藉著十字架，耶穌和世上所有挨餓的人結合在一起，然而這個世界竟然每天丟棄了好幾公噸的食物。

第十一處：耶穌被釘在十字架上

耶穌基督的十字架上有磨難，也有眾人的罪過，他張開雙臂、接納了一切。他肩負我們的十字架說：「鼓起勇氣！你們不會獨自背負十字架！」

第十二處：耶穌死在十字架上

藉著基督，邪惡、苦難和死亡不再能做最後的決定，因為基督賜予我們希望和生命：祂把十字架從一個仇恨、失敗、死亡的工具，轉變成勝利、生命和愛的記號。

第十三處：從十字架上卸下耶穌的屍體

基督的十字架邀請我們受到這份愛的感染，教導我們不斷以仁慈和關愛看待他人，尤其是那些受苦、需要協助、以及等待一句關心的話、一個關懷的舉動的人。

第十四處：耶穌被埋葬

你們像是苦路裡的哪些人呢？像比拉多、像基肋乃人西滿，還是像瑪利亞？在他人面前，我們可能「像比拉多一樣，沒有勇氣力挽狂瀾救耶穌一命。」但基督的十字架教我們要像基肋乃人西滿，幫助耶穌背起沉重的木頭；要像瑪利亞和其他婦女，毫無畏懼，以溫柔和愛陪伴耶穌走到終點。

那一夜，
我們睡在沙灘

★ 為說明小灰活動地點的相對位置，將各點距離拉近表示。此圖與實際比例不符。

禮拜六清晨，我睜開眼，聽見外面的雨聲。

這一天終於來了！我們即將和上百萬青年一起，在科帕卡巴納海灘共度一晚。但是，外面居然在下雨！怎麼辦呢？雨水就像一桶大大的冷水，澆熄了大家的好興致。取而代之的，是擔憂的心情。根據前幾天的經驗，下著雨的海邊實在很冷，更何況要在雨中露宿沙灘，豈不是沒事找罪受？團員中有幾個女生說，真希望活動可以取消！

不過，大家還是依照原本約定的時間，收拾好睡袋和睡墊，將所有在外過夜所需的物品打包，裝進大背包裡，然後帶著背包下樓集合。

做完早禱、吃過早餐後，大家再次檢查，確認該打包的物品是否齊全。除了自己的大背包外，領隊也將團體用具（包括帆布、國旗旗竿等等）分配至每

個小組，讓大家幫忙攜帶。接著，神父開始向大家訓話。因為前一天晚上有幾個人脫隊到很晚才回來，也沒有事先跟組長報備，讓大家很擔心的在外面一直等。神父不希望這種情況再次發生，因為在這裡，神父必須負責每一個人的安全……。神父看起來挺不高興的樣子，一直強調守時的重要，也要大家務必重視團體行動，因為如果我們不早一點到，就很難在沙灘上找到好位子。（前一天拜苦路就是這樣的情形）

看來，活動似乎沒有取消的打算。我們協助彼此背上大背包，把雨衣和斗笠穿戴好，東西拿齊後，出發。

今天的行程是：先前往大會指定的領餐地點，領取朝聖餐盒（包括當天的午餐、晚餐，以及隔天的早餐），再從領餐的地方徒步行走到科帕卡巴納海灘。

裝備齊全後，準備前往海灘參加徹夜祈禱和閉幕彌撒。

⚔ 分組行動 ⚔

我們先搭地鐵到Glória站，走到靠近海邊的佛朗明哥公園（Parque do Eduardo Gomes；Flamengo Park），那附近有一個紀念二次大戰罹難者的紀念碑（Monumento Nacional aos Mortos da Segunda Guerra Mundial）。大會把公園外圍的馬路圍起來，馬路上有許多貨櫃，裡面就放著朝聖餐點。我們以為自己已經很早出發了，到達時仍然滿滿都是人。

令人開心的是，這時天氣已經放晴。

依照以前參加過世青的夥伴建議，我們分成兩組：一組是「佔位組」，一組是「領餐組」，人數大概一半一半。分組的原因是，「徹夜祈禱」當晚的會場通常都會被擠得滿滿的，越早到達會場的團體，越有機會選到好位置。若是抵達時間太晚，可能就得在其他團體的位子旁邊尋找縫隙，或者睡在會場外圍了。

於是，「佔位組」一行人由曾經參加過世青的人帶隊，帶著國旗、帆布和自己的行李先出發了。「領餐組」則留下來排隊，拿著所有人的領餐卡幫大家一起領餐，領完餐再前往海灘會合。

討論好之後大家就分頭行動，卻不知道這才是一連串考驗的開始……

貨櫃裡裝著所有朝聖者的餐盒。

長長的領餐隊伍及來往的人潮。

╲ 領餐的隊伍 ╲

　　「領餐組」的計畫是，先找個地方坐下來，由我們幾個男生和高神父一起去排隊將餐點領回來後，再分給大家拿。那時，大約是早上十點。

　　我們走了好長一段路，才看到排隊隊伍的尾端，便接著排在後面。一開始，大家都還很興奮的聊天，討論前一天苦路時的情況，想要把各組的經歷都拼湊起來。聊了一陣子，才猛然驚覺自己還站在原地，隊伍幾乎沒有移動。

　　過了中午，我們緩慢的前進，開始感到不耐煩了。這才注意到，原來隊伍不只一列，但領餐的地點只有一處，長長的隊伍最後都塞在一起，還有人不時插隊，整個情況很混亂。雖然這幾天我們已經很習慣排隊了，卻不知道最後的大魔王竟是在這個時候出現。抬頭看看天空，烏雲已經散得差不多了，豔陽開始高照，晒得我們又熱、又渴、又餓，每個人的眉頭都緊緊皺著，沉默的看著緩緩前進的隊伍。高神父也一直在碎碎唸「主辦單位怎麼這樣安排」之類的話。

╳ 佔位組 ╳

　　排隊的同時，我們想到「佔位組」的
夥伴，不知那邊狀況如何。有位夥伴拿出
手機，試著傳訊息與他們聯絡，也順利收
到回訊：他們已抵達海灘，在大螢幕前鋪
好兩大塊帆布，並且為我們領餐組唸了一
串玫瑰經，祈禱接下來的過程能夠順利平
安。

在沙灘上鋪好帆布。

　　「佔位組」大約十一點多到達海灘，
那時沙灘還算空曠。他們沿著帆布，在沙
灘四周挖好「護城河」，並插起國旗。幾
位夥伴輪流坐在帆布的角落和邊緣處，堅
守「地盤」。接下來的等待時間很長，有
人去買午餐、逛沙灘上的小攤販，也有人
躺下補眠。

佔位組的夥伴。

＼ 插起國旗。／

過了中午，各國青年陸續到達會場，沙灘上插起的旗子也越來越多。大會開始播放音樂，主舞台上也展開表演活動。

不久後，沙灘幾乎完全被佔滿了。「小灰領地」與前後左右的「鄰國」越來越緊密，連走路的通道都消失了。「佔位組」不得不提高警覺，把斗笠排在帆布四周，維護地盤。

1
—
2
—
3

1 各國青年陸續抵達沙灘。
2 沙灘上的小販。
3 有記者前來採訪。

✕ 徒步朝聖 ✕

下午三點多，我們終於領到餐。

所有人的餐盒，分裝在三個大紙箱裡。我們六個人，兩兩一組，分別把箱子抬回「領餐組」其他成員等待的位置，與他們會合並把餐盒分配下去之後，高神父迫不及待的準備出發。這時卻發現，還有一箱沒有回來，可能是抬的人迷路了。

等了一陣子，還是不見人影。神父很著急，因為時間已經拖了太久，不知何時才能走到海灘，於是他決定，有拿到餐盒的夥伴先出發前往會場。我和另外幾位夥伴，跟著領隊一起留下來繼續等。

還好，不久他們便回來了。迅速分配完箱子裡的餐盒後，我們背起大背包，立刻上路。領隊光男知道路，也就不怎麼擔心走丟。離開公園後，我們沿著大會安排的路線往海灘前進。

穿著傳統服飾的朝聖青年。

步行前往科帕卡巴納海灘。

　　經過一天的等待，大家都累了，一路上沒有多聊天；少了充滿活力的高神父帶隊，我們越走越慢。沿路有好幾個隊伍一邊唱歌、一邊大聲喊口號，行進速度很快就超過我們，很難理解他們怎麼可以這麼有活力？他們不也是排了很久才領到朝聖餐嗎？

　　走著走著，經過一個流動廁所，外面大排長龍。有位夥伴想上廁所，我們其他人就先到對面的自行車道上休息。

遠望基督像。

╳ 意外的美景 ╳

將行李放下,坐下來之後,才發現我們離海好近。自行車道旁邊是一小片草地,再過去有幾塊岩石,接著就是大海。

正對面就是麵包山,山下是一個海灣,停了許多艘五顏六色的帆船。太陽好像快下山了,我轉頭看向另一側,居然可以看到山上的基督像,但它已經變成好小一個,正面對著我們。基督像背後的雲被夕陽染成橘色跟紫色,隨著天色漸漸變暗,海灣的燈也慢慢亮起來。前面不知道什麼時候出現一對情侶,也看著海景,親吻擁抱著。

上廁所的夥伴回來了,我們叫他趕快過來休息。打開朝聖餐盒,裡面一樣是麵包、餅乾、果醬、果汁,還多了幾個罐頭跟一包洋芋片。我們分享著一包洋芋片,互相鼓勵著,應該就快到海灘了。看到船上的燈一盞盞亮了起來,海面上映著海灣的燈光,這時才感覺到海風吹在臉上,整個心情完全放鬆了。這片海景已經將我們帶離人群,海風也吹進我們的心裡。

我們安靜的享受著這意外的美景。

穿過山洞步行通往會場，山洞上方就是貧民窟。

＼ 主教的降福 ＼

天完全黑了，我們繼續上路。

經過隧道時，幾位夥伴手中抱著的餐盒，底部竟突然裂開，裡面的食物散落了一地。大家幫忙撿起食物，重新調整、裝盒，再繼續往前走。

出了隧道，轉過幾條街後，終於來到海灘附近的街道！連街道上都坐滿了人，沿路都鋪著睡袋，甚至還有幾頂帳棚。走進人潮中，一股尿騷味撲鼻而來，應該是流動廁所的味道。

「天啊，還好有一群人先來佔位子。」我心裡偷偷的想著。

後來，我們走到一處比較空曠的地方，看到一條隊伍，隊伍前方有位神父正在為排隊者一一降福。仔細一看，原來是個戴紅帽子的樞機主教。我們開心的跟在隊伍後面（畢竟對於排隊已經很熟練），也想接受樞機主教的降福。當主教將雙手覆在我的頭上時，這一路上的奔波與辛苦，終於有種被安慰的感覺。

再往前走，到沙灘了！好不容易，我們擠入人群，在一大堆旗幟中找到我們的國旗。繞了好長一段路，終於和夥伴們會合了！他們大聲歡呼，歡迎我們歸隊。

步行至海灘時會經過這個隧道。

在人海中尋找我們的位置。

夥伴接過我們手上的餐盒。由於在行進間，餐盒曾經散落而打散分裝，所以現在無法一盒一盒的分給每個人。於是，我們將餐盒裡的所有食物全部倒出來，集中在一處，大家再各自拿取要吃的東西。

將餐盒裡的食物集中在一處。

　　我們把背包放下、打開睡袋，夥伴們挪出空間來讓我們放睡袋。總算安頓好，正準備坐下休息時，卻聽到後面傳出吵鬧聲，好像是有人移動了別人的睡袋，還有人不小心把飲料潑倒在睡袋上……「大家都累了吧！」旁邊的人

小灰團在沙灘上舉行彌撒。

說。「對啊，一天辛苦了。」我這樣回答他，但心中卻充滿平靜。如果不是因為神父先出發，我們最後這批人不疾不徐地行進，也沒有機會看到里約海景的黃昏；如果只顧焦急的趕路，我們也許不會得到樞機主教的降福。

晚上大約九點鐘，神父穿上祭衣，為我們在沙灘上舉行一台中文彌撒（因為我們今天一整天都沒有其他時間可以參與彌撒）。除了小灰團員以外，也有旁邊的外國青年一同參與。

有人在聊天，有人已經進入夢鄉。

彌撒中，我們擠在一起，坐在展開的睡袋上。我的雙腳和肩膀，傳來一陣陣酸痛的感覺。回顧這一天，我們為了領取食物而消磨大半天的時間，為了在沙灘上有個睡覺的位子而與他人發生摩擦，也因為過度疲累而對夥伴發了脾氣。難道我們千里迢迢來此相聚，就是為了經歷這些？

看著神父用雙手舉起的耶穌聖體，這才想起，耶穌一路都與我們同行。生活的顛簸顯出了人的有限，讓我深深體會到，我需要耶穌的幫助，讓我更有智慧面對這一切。

彌撒後，四周還是有人走動著，海灘的照明燈依然亮著。雖然現在是「徹夜祈禱」時間，我們卻都不敵身體的疲憊，窩在睡袋裡沉沉的睡著了。

╲ 黎明 ╲

　　早上醒來，看到天微微亮。我把昨天僅剩的一口水拿來漱口，然後站起來動動筋骨。涼爽的感覺讓我驚訝地察覺到，從昨晚到現在一直是好天氣！

　　環顧四週，看到長長的沙灘上佈滿著朝聖者的睡袋，有這麼多人和我們一起在沙灘上過夜，這是多麼難得的經驗啊！我看著金黃色的天空跟海浪發愣，心裡有股暖暖的感覺，感謝天主給我們這麼美好的一夜。

天亮了。

我們平安的度過一夜。

這時，我突然發現神父不見了，他的睡袋已經收拾好，背包也不在位子上。後來才想起，他應該已經在主舞台那裡，準備在接下來的閉幕彌撒中，和教宗一起共祭。（聽說神父早上五點就起來準備，步行至主舞台。）

　　太陽越升越高，旁邊的人也都一個一個起來了，有人剛從廁所回來，直說很臭、很可怕。旁邊的各國青年也紛紛起來整理睡袋，將散落一地的用具整理好。這時音樂聲響起，大螢幕上出現幾個年輕人，要帶著大家一起跳早操。我們一邊笑著，一邊開始跟著跳。

＼ 大家一起
跳早操。／

╳ 閉幕彌撒 ╳

　　早上十點，大家也都差不多恢復精
神，閉幕彌撒即將開始。

　　大螢幕上出現舞台上來賓的畫面，接
著將鏡頭帶到台下數百位穿著祭衣的神父
和主教們，再來是透過直升機空拍的畫
面：海灘上滿滿都是人！

　　整個閉幕彌撒有一種節慶的氛圍，彌
撒中的歌曲充滿拉丁美洲活潑奔放的旋
律，台上穿著祭衣的司祭們也跟著台下青
年一起拍手、搖擺身體，齊聲讚美。

從大螢幕上看到的祭台，以及台下的參禮者。

教宗對青年們說話。

朝聖者專心的參與彌撒。

　　教宗在講道中首先談到這屆世青的主題：「你們要去使萬民成為門徒」。教宗說：「這句話是耶穌對你們每個人說的，有機會參加世界青年日，與世界各地的青年一起度信仰生活，何其美妙。你們從世界各地前來，但現在必須回去，把這個經驗傳遞給其他人。耶穌召喚你們成為有傳教使命的門徒！」我認真聽著收音機傳來的英文翻譯，感到熱血沸騰。

排隊領聖體的隊伍。在白傘處發送聖體。

朝聖者們在岸邊戲水。

　　教宗的話讓我明白，沙灘上的三百萬人，完全是因著耶穌而來的。昨天晚上，我感受到自己的有限，而此刻，我體會到耶穌無限的愛。他的愛，包容著在場的每一個人；他的愛，讓我知道自己並不孤單；他的愛，使我了解自己也能夠去愛。

　　彌撒中，全世界的青年一起同心祈禱，為教會、為受壓迫的人、痛苦的人，也為全人類祈禱。我們共同接受主耶穌的派遣，要把愛和希望帶往每一個國家、每一個角落。

1 三鐘經是一天頌唸三次（早上六點，中午十二點及下午六點）的禱文，禱詞共分三句，內容是耶穌降生成人的奧蹟：「主的天使向瑪利亞報喜，她因聖神受孕。」「我是主的婢女，請依照你的話在我身上成就。」「天主聖子降生成人，居住在我們中間。」每句中間穿插一遍聖母經，最後再以一般禱文結束。

╲ 下一屆世界青年日在波蘭 ╲

彌撒結束後，教宗從青年代表手中接過里約
這座城市的象徵：基督山的「救主基督」像。

教宗先帶領大家頌唸「三鐘經」，並宣布
下一屆世界青年日的舉辦時間和地點。當教宗說
出「波蘭，克拉科夫（Kraków, Poland）」的時
候，台下全部的年輕人都開始歡呼，各國國旗也
揮舞起來，大螢幕上出現波蘭的青年們在舞台前
開心跳躍的畫面。

世界青年日就在這個歡慶的時刻畫上句點，
這也是朝聖者傳教旅途的開始……

記下所有的感動。

天氣放晴，好熱～

閉幕彌撒後的大合照。

╳ 回程 ╳

　　大家開心的拍照留念，有一些人去海邊踩水，另一些人忙著與其他國家的青年交換剩下的小禮物。這時，終於可以用斗笠來交換禮物了，有人換來其他國家的紀念T-shirt，有人換到帽子，也有人換了拖鞋、念珠、聖像……，不論換得什麼，都將是我們一輩子的珍貴回憶，提醒著我們，曾在科帕卡巴納海灘上，向耶穌許下承諾。

與各國青年交換禮物，合影留念。

把場地收拾乾淨。

回家吧！

　　我們把沙灘上的行李全部收拾好，把周圍的垃圾撿拾乾淨之後，便踏
上返家的路——返回我們巴西的家，以及幾天之後，回到地球另一端的台
灣家鄉。我們帶走的不只是身旁的垃圾，隨身的行囊，還有這些日子以來
充實而令人感動的經驗，留待我們日後慢慢地品嚐與回憶⋯⋯

我的朝聖筆記——
教宗在閉幕彌撒的道理

1　去吧！不要害怕，為人服務。

在里約熱內盧的這些日子裡，你能夠享受美妙的經驗、與耶穌相遇，在接觸其他人時遇見他，你感覺到信仰的喜悅。但這相遇的經驗，不可以只保存在你的生活中，或者保存在你的堂區小組、你參加的運動或團體中。信德是一把火焰，只有當它被分享和傳遞時，才會變得更加旺盛。

2　這是一個命令

去分享信仰經驗、為信仰作見證、宣講福音，這是一個命令，是主託付給整個教會，包括你在內的命令。不過，這個命令，不是來自統治或權力的渴望，而是出自愛的力量。

3　耶穌總是在我們身邊

事實上，從耶穌第一次來到我們中間，就交付了自己的全部、付出了生命，為了拯救我們，向我們展示天主的愛和憐憫。耶穌沒有把我們當奴隸，但對待我們就如自由人、朋友、兄弟姊妹；祂不僅派遣我們，還陪伴我們一起，他總是在我們身邊，在我們愛的使命中。

4　我們一起被派遣

我們去宣講基督的時候，是基督走在我們前面，引領著我們。他在派遣門徒時向他們說：「我同你們天天在一起。」（《瑪竇福音》廿八章20節）耶穌不會讓我們覺得孤單！他始終陪伴我們。耶穌也沒說：『你去』，而是『你們去』，換句話說，我們一起被派遣。

5　見證天主的愛

讓我們的生活相似耶穌，與他擁有同樣的情感、同樣的思想和同樣的行動。耶穌的一生是為他人的一生，是服務的一生。傳福音就是親身見證天主的愛，就是克服我們的自私，像耶穌那樣俯身為弟兄們洗腳。

在海灘過夜那晚

　　這個夜晚，心靈很富足，沒有一種滿足比靈命得滋養來得更振奮人心！周圍已然倒臥一片，海灘上人滿為患，喧鬧聲隨著夜幕的低垂而逐漸轉為寧靜，夜晚的海灘也由白天的炎熱轉為寒冷，冷冽的嘴唇、刺痛感更加劇烈的喉嚨、擁擠的海灘，迷濛中，我含糊地睡了，是的，躲進溫暖的睡袋裡，我就這麼睡了。

　　隔天一早，清晨的露珠在睡袋的表面冒著一顆又一顆的囂張，將臨睡前所感受到的溫暖一掃而空；陽光慵懶地灑在惺忪的睡眼上，我伸了伸懶腰，張開雙眼的一剎那，我很感謝天主，前一夜沒有下雨，因為碧藍的天被耀眼的陽光照亮，醒在這樣的早晨，很美。環顧四周，每一位青年橫躺著、熟睡的臉龐、不同的睡姿，在海灘上形成一幅奇景！

　　我看見幾位青年在海灘上想辦法找到盥洗的方法；看見廁所前已經列隊排著憋得臉紅脖子粗的人們；看見夥伴們啃著大會前一天發的早餐；第一次醒在這樣的早晨，我能感覺到自己嘴角微微上揚的幸福。不過，無奈的是，我真的感冒了。

　　這是2013世界青年日大會週的最後一天，最令我印象深刻的是，教宗在講道中說：「去吧！不要害怕！」天主會在我們身邊陪伴著，並恩賜力量，所以放心、大膽地向福傳之路邁進吧！

by 阿祿

他伸出手臂施展了大能，因為他的仁慈永遠常存。
　　　　　　　　　　　　——《聖詠》一三六篇12節

PART4

打包 滿滿的愛

16

護照不見了，
我卻找到愛！ ✕ 思淳

在這趟世青的旅程中，掉最多東西的大概就是我吧！

從踏上巴西的第一時間，我就掉了護照，這是我這輩子第一次掉護照。在發現護照不見的當下，腦筋真是一片空白，心情很慌亂，不知道該怎麼辦。我不希望因為這件事情影響團體，也擔心會影響其他人踏上世青旅途的的好心情，但是如果悶不吭聲，事情一定解決不了，所以在翻遍所有行李都沒找到之後，還是鼓起勇氣告訴了領隊，當時我們的領隊光男，聽到之後不但沒有責怪我，反而是先安慰我，讓我不再那麼緊張。

他同時也查了幾個可以解決的管道，像是當地台灣辦事處的電話、台灣外交部的電話，也幫我告訴帶領我們的高神父，讓我在當下覺得，男生的想法還是比較理性一點，當我還在想著「怎麼辦、怎麼辦」的時候，他已經找到幾種可行的方法了。

隨身帶著國旗，讓人知道我們來自台灣。

世青大會週，與各國青年盡情交流。

　　以步調緩慢的巴西來說，駐台辦事處的作為顯得特別有效率。一開始我們撥打了一通「國人在外旅遊尋求協助」的緊急電話，電話另一頭聽了我的狀況後，先安慰我一番，然後給我一個駐巴西大使館的電話，並詢問我待在巴西的日期、時間以及之後的行程。他聽到我會在巴西待上十幾天，就用很肯定的語氣說，一定可以在我離開之前辦妥，這讓我安心許多。

　　其他國家的小灰會士也都非常熱心，主動地幫忙我，他們中有人開車載我回機場找護照，但是找遍了整個機場都沒有結果。當時我很緊張，還好有修士在旁邊一直為我想辦法，讓我不再慌張。在接下來的旅途中，我也常常為這件事情祈禱。

　　我犯了一個錯誤，就是把備用的護照影本和護照放在一起，所以連護照影本也跟著遺失了。

　　少了護照影本，補辦的困難度倍增，還好領隊有把我們的基本資料帶在身上，所以還能知道護照號碼。

　　但辦護照還需要照片，台灣志工幫忙我，把手邊所有證件都拍照起來變成電子檔，然後用電子郵件寄給我，使我的辦理過程更加快速。真的很感謝每一位幫助我的人，因為大家不吝嗇地付出，讓我實際體會到弟兄姊妹之間的愛和包容。

聽說喝了這瓶水，就會永遠留在巴西。好險我順利拿回護照了！　　　　　　在沃爾塔雷東達，與夥伴合影。

　　由於我們每隔一段時間就會更換住處，便將世青大會期間的住所地址留給外交部，這樣就能確保結束行程前可以收到補辦的護照，就算提早寄出，也能夠請人代收。本來以為一切都很順利，沒想到又得知照片不符規定，需要補交。在巴西要找照相館也是一件困難的事，除了人生地不熟外，語言也是一大阻礙，好在那時有一位帶領美國隊的隊長同時會講葡萄牙文跟英文，好心的陪我去尋找相館，讓我得以完成拍大頭照這項困難的任務。在拍好照片的同時，我遠在台灣的同學也幫我找出以前工作交履歷時的照片電子檔，並寄給辦事處。

　　好不容易，我的護照終於辦妥，但是就在最後一個環節，竟又出現一段插曲。原來，我們不了解當地的住址寫法，並未將住址填寫完整，導致快遞找不到正確地址，只好將郵件退回。很感謝天主的是，我住在教堂的祕書家，他跟我說，只要有郵局的收據號碼，就能夠查詢郵件狀況。我向辦事處詢問收據號碼，查到護照正在被往回寄的途中，幸好這裡的教友都非常熱心，有位女士一聽到這個消息，二話不說的衝回家，再開車載我去郵局。

　　終於，我順利拿到了護照！

17

你，
忘記過愛嗎？ ╳ 韋欣

身為「世襲」的天主教徒，從我聽得懂人話的那一刻開始，就被教導著「愛」。

聖歌說「因相愛，我們是基督徒」；神父說「違反愛，就是罪」；修女說「不愛的行為是一根刺，讓耶穌為我們傷心流血」。

對我來說，「愛」應該像呼吸一樣，理所當然。但「愛」也像呼吸一樣，沒有人教。

我不知道愛的方法，那又如何呢？對一路順遂、志得意滿的我而言，這只是件雞毛蒜皮的小事，像買蛋餅忘了加醬油那樣，或許少了一點，倒也談不上困擾。

幾年之後，我出了社會，憑著學歷和才智迅速受到重用，每天與時間賽跑、與敵手競爭，猛然停留在片刻安靜時，驚覺一切的轉變，過度受到重視讚賞讓我迷失，讓我驕矜自大、目中無人，我變得暴戾甚至有點邪惡。

　　我與人之間，彷彿有著一道驕傲砌成的牆；牆裡，是我
「認可」的聰明人，牆外，都是笨蛋。

愛，已離我好遠；

我忘了，徹徹底底的……

曾經，它像呼吸一樣地理所當然，現在卻突然不見了。

親愛的巴西家人。

斗笠和墨西哥帽，交換戴戴看。

我發現自己像落入無垠汪洋，不安而近乎窒息。愛是我的救贖，但我始終抓不到那根浮木，因為，我從來不知道，也沒有人能教我如何去愛。

太害怕這種迷失，於是我決定離開現在的生活。聖經裡、神父和修女，甚至路上的標語都說「天主是愛」，如果天主是一切的根源，那我決定賭一把，放下一切，試著再次接近祂。

為什麼會選擇參加世青？

從小看哥哥們參加世青，總覺得這是一生應該參加一次的盛會。再加上想要重新當好人，而表哥說在世青的收穫超乎想像，我便報名了這次世青。但其實，我並不是確切的知道，我在這趟旅程中，究竟想得到什麼。

我只參加了第一次培訓（總覺得又是一個夏令營），然後就到了桃園機場集合出發時，老實說，看到「夥伴」的當下，我一點感覺都沒有，因為工作強迫我擁有太多「夥伴」，而這次，我只想靜靜站在角落。

到了巴西，過了幾天，去了幾個朝聖地，參與了很多台彌撒，在每次的禱告中祈求，卻不知道自己真正想要的是什麼，也不知道該如何祈求，才能使心靈平靜。

七月十六日這天，小灰一行人來到阿帕雷西達聖母朝聖地，聽說這裡的聖母在南美洲的天主教信仰中佔有非常重要的地位。哈！但我必須承認，因為我出門前完全沒有做功課，所以對這個地方一無所知。老實說，就連這裡的聖母是「黑的」我也不知道，自然也不會有特別的期待。

就如一般正常的台灣人一樣（我指的是像我一樣沒見過大教堂的台灣ㄙㄨㄥˊ啦），看到這個教堂的外觀時，免不了「哇」地發出驚嘆！太雄偉了啦！走進門前廣場，兩旁高牆環抱；高牆上，聖者雕像佇立俯瞰著，有個瞬間我以為自己到了末日審判，覺得有點惶惶不安。

雖然害怕，但基於能殺死一隻貓的好奇心，我還是想知道這裡的故事。夥伴榆涵似乎發現了我的一臉疑惑，於是向我說明關於這裡的歷史背景，以及聖母所顯的三個奇蹟——使黑奴自由、阻擋馬進入聖殿、使盲女看見。（請見本書頁118）

在聖殿內，我看見一個老人，默默走近聖母像前，專注望著聖母媽媽的他，落淚了。看著他奮力擦去淚水，我在想，這個男人是孩子的父親？妻子的丈夫？還是父母的稚子？他為什麼哭，我不知道，但我想，在他背後，一定有個充滿恩寵的故事吧！

我的目光完全被他吸引，不可思議的，眼淚潰堤了，而且是止不住也擦不乾的大哭，那是一種掏心掏肺的感覺，像是要把心裡所有的不安、不快樂甚至是覺得罪惡的部分，通通挖出來。

哭泣的當下，我突然想起盲女的奇蹟故事，「女孩甚至還沒走到教堂，主便讓她看見了。」對啊，我們不必開口，主便知道；在我出生之前，祂就已經認識了我，祂比我更了解我的需要。

那我又何必為不知如何祈求心靈平安而自尋苦惱？

我只要把一切都交給他，打開心裡的門，讓耶穌走進來。

想通了，眼淚也止住了，我感到呼吸順暢，像是溺水許久終於浮上水面，吸到第一口空氣那樣清新美好，更棒的是，心中的高牆倒下了，因為此刻我感到不曾有過的平靜。

受到強烈的觸動，這是我人生的第一次，彷彿重生般的美好。

我跪下來祈禱，想起這段經文：「我若能說人間的語言，我若能說天使的語言，我若有先知的恩典，但我若沒有愛，我什麼也不算⋯⋯」（《格林多前書》十三章1-2節）愛是什麼？「愛是含忍地、愛是慈祥地，愛是不嫉妒、不誇張不自大⋯⋯」〈愛的真諦〉這首歌我會彈、會唱，但現在才第一次強烈體會到，原來，我之前憑著主賜的智慧而驕矜自大，甚至忽略了愛，是多麼愚昧。

抬起頭，好像看見聖母媽媽對我微笑，瞬間，我明白這是阿帕雷西達聖母媽媽應許給我的奇蹟，我甚至還沒開口，她便賜給了我一直渴求的平靜。

來自主的恩寵一直都在，只是我太驕傲以至於將一切視為理所當然，在放下驕傲的這個時刻，才能感受到原來祂是多麼眷顧我、保護我。

你，忘記過愛嗎？

**我，忘記過，
但主永遠記得祂愛我。**

愛之旅 ✕ 彥伶

世界青年日對於很少出遠門的人應該算是長途旅行，時間大約都是三至四個禮拜。一趟朝聖或旅行，是人生中很特別的日子，要用什麼方式來記錄呢？寫日記、拍照、畫畫、寫網誌……？我喜歡拍照記錄，除此之外，還有一個特別的方式——寫歌，寫一首歌來紀念這段日子。我用吉他來創作，這項才藝也是天主給我的禮物。

天主給的禮物，總是比我期待中還多。

從小在教會內長大，聽了很多聖歌，我都非常喜歡，所以想

一起搭巴士，展開歡樂的旅程。　　　　　　　　　　　彼得羅波利斯教堂旁的廣場，地上畫著世青大LOGO。

戴起斗笠，踏上科帕卡巴納海灘。

選擇一項樂器來學這些歌，心想學成後，可以自彈自唱，也可以回饋教會，在活動的時候幫忙彈奏樂器。剛好高中時期，教會有免費的吉他初級班，馬上就報名參加，雖然只學了基礎，但對我來說已經夠用了。我對自己的期許是，只要會彈五首以上就完美了，但沒想到學了幾個基本的和弦之後，加上好幾個月的練習，後來可以彈上十幾首歌，甚至更多。天主給的禮物，總是比我期待的還要多。

這是我第三次參與世青。每一次參加，我的心態都不一樣，覺得自己的想法越來越多，也越來越成熟。第一次真的是抱著玩樂的心態參加的，那時剛滿十八歲，是個剛開始學飛、到外面看世界的孩子，對所有事情都感到新鮮與驚喜……；到了第三次參加，對於出遠門已經有熟悉的感覺，少了前幾次的擔心害怕，決定帶上輕鬆的心情來迎接這趟旅程，也決定為這趟旅程寫一首輕快的曲子。

我寫的歌曲當然跟外面的流行音樂沒得比，別人是專業而我是業餘的，但歌曲有我自己的獨特味道。會寫歌完全是因為在生活中喜歡拿著吉他亂彈亂哼，所寫的歌曲通常也不會太長。之前在哥哥的推薦之下為台南教區的生活營寫了兩、三首營歌，我很感謝天主讓我有這樣的恩寵，讓我小小的才能也能夠奉獻出來。

寫歌靠的是靈感和平常的一些體會，所以，說容易也不容易，有時花一小時就可以寫完，有時卻要花上好幾個月。我通常是詞曲一起創作，用的全是自己會的和弦，所以寫出來的歌曲很簡單，也能代表我自己。

「愛之旅」這首歌，是這次世青出發前三天寫出來的。當時我的工作已告一段落，也準備好朝聖的心情，相信美好的一切都來自於天主的祝福。多了天主的眼光來看待世界，我決定帶著自己的心去發現更多愛。

很開心能把這首歌帶去世青，在與寄宿家庭的家人們聚會時，唱給大家聽，輕快簡單的節奏，讓家人和夥伴們都能隨著音樂一起搖擺、跳舞，非常開心。在歡樂的歌聲中，我們心中充滿感謝和祝福。這一路上我們遇到許多困難，但我們總能依靠著信仰，而不擔心害怕，選擇走出去、創造自己的愛之旅！

韓國小灰會士，看起來很會功夫。　　　　在門德斯與當地小朋友一起唱歌遊戲。

謹將這首歌獻給所有踏上「朝聖」旅途的朋友們。

愛之旅

4/4 G

詞／曲：彥伶

```
  G           Cadd9        Am7          D
| 0 5 5 5 5 | 6 · 1 - - | 1 1 7 1 5 | 5 - - - |
  聽見來自  遠  方      親切的邀請
```

```
  G           Cadd9        Am7          D
| 0 5 5 5 1 6 | 6 - · 1 7 | 7 1 7 1 | 7 1 5 - - |
  我們將參與        一場  充滿青春  的相聚
```

```
  G           Cadd9        Am7          D
| 0 3 1 5 | 6 · 1 - - | 1 1 2 1 | 7 1 5 - - |
  十字架  上        熾熱閃爍  的光芒
```

```
  G           Cadd9          Am7            D
| 0 5 5 5 5 | 6 · 1 - 1 1 | 3 · 1 1 2 | 2 - - - | 0 0 5 5 5 |
  消除你我  憂  慮 開始 無  限放晴              我們展
```

```
  G           Cadd9        Am7              D
| 5 2 1 - - | 1 3 1 - - | 7 1 7 1 5 | 5 - 0 3 4 5 |
  開一場    追尋愛    的冒險旅行      我 們將
```

```
  G           Cadd9        Am7              D
| 5 2 1 - - | 1 2 1 - - | 1 1 1 1 2 | 2 - 0 3 2 1 |
  踏上路    走出去    傳播主聲音      謝 謝
```

```
  G           Cadd9        Am7          D
| 7 · 1 5 5 | 7 · 1 - - | 7 1 7 1 | 7 1 5 0 5 5 5 |
  天  主耶穌 基  督    帶著祢愛  的祝福 重 新看
```

```
  G           Cadd9        Am7      D      G
| 5 2 1 - 1 1 | 3 2 1 - - | 3 1 7 1 | 1 - - - |
  見自己  看見 世  上      最美的風景
```

19

我跟天主
混熟了！

× 伊萱

———————————————————

　　我出生在一個天主教家庭，所以一出生就領洗，可是由於鮮少上教堂的緣故，所以跟天主很不熟。不了解聖經故事，不知道天主教的教義，不知道為什麼要上教堂望彌撒……，甚至經常自嘲是「年度教友」，每年只在大年初一跟家人一起進教堂，就覺得：「夠了，今年已經上過教堂了」。

　　雖然是天主教家庭，但爸媽在年輕時因為忙於事業的關係，所以也是年度教友，卻在退休後參加了教會團體，選擇為天主服務，過著心靈充實滿足的退休生活。因為知道上教堂是天主教徒的義務，但可能是離開天主太久，當我跟別人說自己是一名天主教徒時，常常會覺得心虛，但又不願意主動上教堂，所以常常自我安慰說：「等我退休了，再像爸媽一樣接近天主就好了。」

　　會來世青是因為表弟參加了2011的馬德里世青，回來後分享了很多的旅遊經驗。我雖然不是很喜歡上教堂，卻很渴望能出國旅遊，又加上表弟回國後，提到許多在國外吃喝玩樂的經驗，使我產生了「我

也要參加下一屆世青」的想法（完全就是把世青想像成旅遊團），所以借朝聖之名行旅遊之實，就是我參加世青的目的，非常的蠢，但也因為這個蠢想法，讓我能夠提前接近天主。

　　記得看到簡單到不行的小灰團行程表後，對此趟行程能遊玩多少的程度有點擔心，但又不敢直接說自己只是想去旅遊，所以就委婉地

詢問表弟「世青活動到底都在幹嘛？」表弟卻回答：「你只要準備好朝聖的心情就好了。你希望從世青學到什麼嗎？」蝦米？！這是什麼回答啊！意思是什麼都不用準備嗎？旅遊資料呢？自由行行程呢？這些都可以不用看了嗎？

但也因為表弟的回答提醒了我。對啊！我是不是應該好好思考這個問題，世青不是旅遊團，我如果抱著一般觀光客的心情參加，可能會覺得既無趣又失望，而且在信仰上也可能一無所獲。這怎麼可以！如果出國遊玩，還產生這種負面情緒，那一定不會留下好的回憶，我不能允許花那麼多錢出國還讓這種事發生。

好吧！既然這樣我乾脆就完全不要期待，無論神父安排什麼行程都欣然接受。而且既然我跟天主不太熟，自己今年也遇到些瓶頸，乾脆把自己的心境跟心情都準備在歸零的狀態之下，這可能是讓我更認識自己並和天主混熟的機會吧！

朝聖期間，神父每天帶領我們望彌撒、與組員做讀經分享、聽神父講道。最令我覺得不一樣的是，本來覺得彌撒無趣的我，變得漸漸期待彌撒的時刻，只有在這時候是真正屬於我跟天主的互動時間，我可以告訴祂我的煩惱、想法，祈禱祂指引我方向。只有在這個時刻，我覺得自己的心靈是最平靜、最舒服的。而每天的讀經分享和神父講道的內容都好像是天主對我的回應一樣。

記得來朝聖之前，我每天的工作時間都很長，沒有時間跟家人朋友相處，連自己的休息時間都很少，想要做自己想做的工作卻沒有勇氣跨出去。那個時候的我很不喜歡這樣生活的自己，看什麼都不順眼，甚至否定自己，覺得自己個性很差、很討人厭。

但天主藉著祂的安排，透過神父講道與讀經分享告訴我，不要害怕做選擇，選擇才會讓人成長。

「只有小孩才會一直依賴著人，而我們可以依賴天主，聆聽耶穌的聲音」。神父的道理就像我的心靈解藥般提醒我，想換工作、想做什麼，千

萬不要害怕；沒有選擇，自己永遠不會進步，我希望我的生活過得更好，就要勇敢的選擇，不然我就只能原地踏步不會進步。所以我決定回國後要勇敢的去選擇我想要做的工作，不要再有猶豫。

當我看什麼都不順眼的時候，容易變得易怒抱怨，且不懂得包容他人，這樣的自己是非常不快樂的。但在讀經分享時我讀到「我喜歡仁愛勝過祭獻」這句聖言，感覺像是當頭棒喝一樣。當我讀著聖經，瞭解神父講耶穌要我們以愛為出發點，隨時傳播耶穌的愛，並感受別人對我們的愛時，我反省到自己竟那麼容易為小事而抱怨，把自己搞得不快樂，只懂得道理而沒有實踐，這樣的我一點也不會成長。我應該要把天主的道理身體力行，就像神父說的，我們要成為天上的居民，而不是只當地上的居民。所以每當我想抱怨時，都會想到這句聖言，這讓我的心境漸漸的平穩下來。

這趟朝聖之旅中，最棒的體驗就是寄宿巴西當地家庭。

從在第一個寄宿家庭完全不會說葡萄牙文，到離開時的第三個寄宿家庭，終於可以用簡單的葡萄牙文溝通，這種每天比手畫腳的日子，還真是人生初體驗。最令我感動的是，雖然我們語言無法溝通，文化不同，但這些巴西家人們卻可以因著天主的愛，而完全地招待並且包容我們這些來自異鄉的陌生客，只因為我們有著共同的信仰。而且在我們離開的時候，每一個寄宿家庭都熱情的對我們說，我們是他們的家人，如果回到巴西，門沒鎖可以隨時直接推門回家。這種感動是即使在文化、語言相同的台灣也不曾有過的。

回國後最想念的，還是一起生活四個星期的小灰團員們。雖然我們大家來自不同的家庭，從開始的不熟悉，到最後大家感情就像兄弟姊妹一樣。

在巴黎的聖母顯靈聖牌堂。

我們在彼得羅波利斯的大家庭。

　　旅途中大家互相幫忙，彼此關心，生病時每天都有人噓寒問暖。肚子餓時，只要說「我餓了」，馬上就有一大堆人無私地貢獻他們的存糧，即使身在國外，一點也不覺得孤單無助，有時候會覺得自己好像多了很多家人的感覺。雖然我不敢說自己在這趟旅途中跟天主混得有多熟，但我很感謝天主的一切安排。祂安排了神父們來傳授祂的道理，原來道理這麼好聽。也因為這些道理，讓我知道天主愛世上任何人，祂的愛可以包容一切，而我們必須把祂對我們的愛散播出去。並且藉由這次的活動，祂讓我看見原來在我們的身邊到處充滿著愛，即使不是一家人，也可以對彼此無私地奉獻愛。

　　在這趟旅途中，因為天主的安排，我修正了與自己的關係。從最初的討厭自己，然後重新認識自己、瞭解自己，到接受自己。

　　希望未來也可以透過天主而超越自己。最重要的收穫是，我找到自己與天主的關係。從抱著觀光客的心態到變成朝聖者的心態，從年度教友到每天連續參加了四星期的彌撒。這樣看來，如果照我之前那種年度教友的彌撒額度來計算，未來二十幾年內應該可以不用再上教堂了。但是神父說：「友誼要求的是具體的互動」，我們為了能跟朋友友誼長存，平常都會聊天見面，跟耶穌也是一樣。如果只有大年初一上教堂，耶穌應該跟我不熟。從朝聖之旅回來後，我不但會主動參加主日彌撒，有時候想跟耶穌說說話聊心事，也會去參加平日彌撒。好不容易稍微跟天主混熟了，如果哪一天祂不理我了，那怎麼辦？

20
跟小灰們一起
經驗巴西 ╳ 阿古

每個人從出生到死亡，從無到有，從有到無，在人生不長也不短的數十年間，要怎麼過才有意義呢？

天主教是我從來沒有接觸過的信仰，了解世青、參加世青也是經由一位教友的牽線，但是最主要還是因為地點在巴西，「旅行走遍每一個國家」是我這一生的長程目標，不過參加了二次培訓之後，巴西似乎已經不是我參加世青的主要目的了。

再一次說明我不是天主教友，所以在這段過程中，有好多好多的「活動」對我來說都是新鮮的：早禱、午禱、晚禱、朝拜聖體、苦路還有最重要的彌撒等等，每次遇到我不了解或是疑惑的時候，我都會馬上詢問身邊的任何夥伴，我發現每個人都會竭盡所能的為我解答！他們不會因為我不是教友，問了一些很奇怪、很基本的問題就隨便的回答，反而是很認真的講解故事的原由及背景，每一段過程及每一件聖物的意義。這對我而言非常重要。還有每一位見證者令人動容的分享及大家對宗教的熱情、對天主的堅信不疑，神父及修女的奉獻精神，都讓我覺得自己在團體中並不突兀。

世界上任何一個人，都有值得讓他人學習的東西；世界上任何一個人，都可以說是我們的老師。很感謝團體中的每一位老師，讓我很真實的融入這個大家庭裡！

1 我們吃得很簡單，卻感到無比喜悅。
2 小灰們在巴士上的團康時光。

在世青大會中，不管是哪個國家、哪個團體，都讓我見識到教宗的魅力！只要是教宗有機會經過的地方，四周就會出現驚人的人潮，即使被欄杆阻擋在外，群眾仍然熱情不減的耐心等待，就算只能遠遠見到教宗一面，都能讓這些人情緒激昂。有一位教友問我，當你看到教宗的時候，會不會跟我們一樣興奮呢？我很誠實的說「不會！」即使我曾經很近距離的見到教宗。對我而言，教宗就是一個很慈祥的老人，用微笑揮著手對我們打招呼。

　　世青週還有一件令人期待的事──徹夜祈禱，這一天我們會在沙灘上過夜。之前聽說要露宿在外頭時，其實我有點擔心，畢竟七月的巴西是冬天，而且那幾天都一直陰雨綿綿，怕睡在外頭會冷到，沒想到當天竟然是個大晴天！那天，當所有人陸陸續續進入沙灘時，已經不是人滿為患可以形容了！雖然有這麼多人，但是每個人都很守序、很禮讓。說到這裡，我常在想，這麼多人相處了幾個星期，我似乎很少聽到人與人之間的摩擦，大家都很願意互相幫忙，重的東西都是第一個被帶走，聽到誰身體不舒服，馬上就有人前去關心。在陰雨綿綿的沙灘上，當大家都已經冷得擠在一起取暖的時候，神父還不忘幫我們翻譯！

　　我對神父說，我已經很努力在聽了，但是我只聽懂一半而已。神父卻說：「你有聽懂一半就很好了，如果我不翻譯，你連一句都聽不懂。」最令我印象深刻的是，神父在沙灘上為我們做了一台露天的彌撒，連四周的其他青年也跟著一起參與彌撒呢！

　　關於團體之間的彼此關懷，我想了很多，是天主教徒都這麼替人著想、樂於助人嗎？還是剛好這些人都參加了這次的世青呢？我曾經看過一本書，其中一篇是「瞎子提燈」，內容是說，有一個瞎子晚上走在路上時提著燈籠，別人好奇的問他為什麼要提燈籠？瞎子說，沒有瞎的人才看得到我啊！如果每個人在日常生活中都能常為別人著想，這個世界該有多好呢？

　　最後是關於寄宿家庭以及我在巴西所遇到的巴西人，對於他們的奉獻、他們的熱情，我們真的無以回報。一個人如果可以對自己所擁有的一切，懷著知足感恩的心，那麼他就不會抱怨上天或命運；一個人如果一心一意只想

巴西和台灣的距離，原來這麼近！

在物質生活上勝過別人，那麼他就永遠得不到幸福與快樂。這些提供我們食宿的巴西家庭，有些生活環境並不富裕，卻願意把自己最好的東西拿出來與我們分享，甚至把自己的房間整理好，讓出來給我們住，把我們當成自己的孩子一樣。我和室友都感到很疑惑，我們睡在他們的房間，那他們要睡哪裡呢？總是在一覺醒來之後，發現他們從屋裡的各角落走出來。

在這裡，我們的任何需求總是有求必應，每一餐都像怕我們吃不飽似的豐盛。當我們要離開時，還依依不捨的不停左擁右抱，拍照也是拍到最後一刻。每位夥伴聊起自己的寄宿家庭，都有好多的故事及趣事，即使有些家庭跟我們語言不通，彼此間仍會想盡辦法、天南地北的聊著。對於我們東方人，他們似乎充滿了好奇，所以有時候即使我真的累了，還是會提起精神，跟我的「家人」聊聊今天去了哪些地方、做了什麼活動，聊聊台灣跟巴西的生活環境以及飲食文化等等，他們樂於分享，我也很樂於分享。這樣的相遇，大概是我們這輩子唯一的一次。

我很高興在巴西可以遇到這些尊重生命態度、心靈富裕、樂於分享，活在當下的夥伴。一個人的生活可以是絢爛也可以是平淡的，沒有嘗試過的事情，沒有體驗過的生活，其面貌我們永遠無從得知。生活中的期待就是一種生活的意義，所以人生可以說是由一連串的期待鑲嵌著，有了期待，人生才有活著的意義。我期待下次世青與你們再相會。

21

這一生
最美的祝福 ✕ 唐唐

耳邊繚繞著輕柔的歌曲，這一生最美的祝福，如同歌詞裡所描繪的：

> 在無數的黑夜裡，我用星星畫出你，
> 你的恩典如晨星，讓我真實的見到你，
> 在我的歌聲裡，我用音符讚美你，
> 你的美好是我今生頌揚的。

> 這一生最美的祝福，就是能認識主耶穌，
> 這一生最美的祝福，就是能信靠主耶穌，
> 走在高山深谷，他會伴我同行，
> 我知道，這是最美的祝福。

細嚐這首歌的歌詞，句句敲進人心，身為基督徒、與主相遇，是件多麼美好的禮物。作為基督徒都想要追求主、追隨主並且渴望天主與自己說說話，哪怕是一句答覆也可以。但是我們並不知道，其實祂

在門德斯，每天與轟媽一同散步的小徑。

無時無刻都與我們同在，可能是在上學、放學時陪伴著我們，也可能是在工作中或者開車、行走時……，在一切稀鬆平常的生活中。

上主早有預備──愛的相遇

　　我出生於天主教的大家庭，出生後沒多久就領洗成為基督徒，雖然我是個基督徒，在求學階段對於彌撒卻不怎麼熱衷，進入教會的時間真的是少之又少。在2012年的暑假，我終於脫離了學生生活，但並沒有認真思考「回到教會懷抱」這件事。身為基督徒的我，其實只是有領洗而已，最基本的入門聖事有三件（聖洗、聖體與堅振），我卻少了「聖體」和「堅振」這兩件。在天主教大家庭的環境下，還好有母親這位推手讓我重回教會，跟著豐原天主堂張修女的帶領，開始複習道理並研讀聖經。修女不斷提醒我，天主真的很愛我，要常祈禱與主耶穌說話，也要常常讀經。

　　回到教會的這些日子，好像是祂早已預備好的；能夠參與巴西世界青年日，也是祂給我的一份禮物。

　　天主為我安排了一個奇妙旅程。有一天，修女邀請我參加她們修會的避靜，好好沉澱心靈，並思考未來的方向。畢業之後，我沒有開始工作，打算先準備考試。在這段時間裡，我最常去的地方就是教會，因著修女的熱情邀約，我答應到彰化田中耶穌聖心修女會避靜。

　　避靜期間，每天都有修女為我們上課、講解聖經，那時候張修女很熱心的邀請我們去聖堂研讀聖經，起初我並沒有這麼做，因為當時覺得讀聖經沒有必要一定要到聖堂去讀。距離避靜結束的時間越來越近，張修女仍不斷的邀請我們到聖堂讀經，這時我的心動搖了，便一個人來到聖堂、坐在椅子上閱讀舊約，看著看著，雙眼忍不住闔上了，可是腦中的畫面卻停不下來，不斷浮現剛剛閱讀的經文。

這時，突然有個男人的聲音對我說：「我愛你。」那聲音是如此靠近、如此清晰，讓我立刻驚醒，環顧四周，我卻看不見任何人。這裡是修女住的地方，怎麼會有男人對我說話呢？我連想都沒想，便迅速把聖經闔上，離開了聖堂。當時只覺得有些莫名其妙，後來也就慢慢淡忘了。

直到今年（2013）五月，豐原堂有個堅振聖事前的避靜，當時也是在修女的熱情邀約下，我答應參與避靜前最重要的一堂課——「聖神充滿的祈禱」。現在回想起來真的覺得自己很有勇氣。當時看到其他接受神父、修女和幾位老師覆手的人，每個都是哭著回到位子上，心中感到有些害怕，不過我還是走向前方，接受了覆手。當時，我聽到老師說：「放輕鬆」，就不自覺的放鬆身體，當老師和修女把手放在我的頭和肩膀上時，我的眼淚竟如雨滴般控制不住，耳邊環繞著聽不懂的語言，卻覺得有股平靜的力量灌入全身⋯⋯。老師輕聲的在我耳邊說：「耶穌很愛你，你不要害怕，祂一直陪在你身邊，你要相信祂、信賴祂。」

聽到這句話，我感到有些驚訝，因為在接受覆手的前一天晚上，我在告解時向神父說出自己心中在信仰上的疑惑與困擾，而今天祂卻答覆了我，祂完全知道我在想什麼、害怕什麼。我想起在田中避靜時，祂曾對我說的那三個字——「我愛你」。這次經驗，讓我很深刻、很真實的體驗到祂的愛，就如聖經上若望宗徒所說：「我們應該愛，因為天主先愛了我們。」（《若望壹書》四章19節）。

與基督的相遇

今年（2013）七月，我參加了巴西世界青年日，這讓我確信了我的信仰、我與天主的關係，以及祂對我的「愛」。在這段朝聖之旅中，我得到很多兄弟姊妹的愛，也學習到不管遇到什麼痛苦、困難，都該把這一切奉獻給天主。

世青大會結束後，即將離開里約的前一天，我們有個自由行的活動，我和神父以及幾位同伴一起徒步走上基督山，一路上看著風景，看著張開雙臂佇立於高山的耶穌，在內心不停的讚美、感謝上主，祂讓我有機會從台灣花了三十幾個鐘頭，繞半個地球來到巴西，與同為天主教徒的青年們共融。

　　我們從白天走到天黑，回程的路上沒有路燈，可是我們一路上都唸著玫瑰經徒步下山，下山的路段不時也會有車子經過身邊。我專心的唸著玫瑰經，因為神父在前方帶領，我很放心的跟著走。突然，在一個轉彎處，我踩進一個坑洞中，接著便跌倒在地，雙膝都受了傷。雖然因為疼痛而流淚，我的心中卻是喜悅、平靜的。我站起來，和同伴們繼續往山下走，也繼續唸著玫瑰經。

　　在回程這段路上，我很感謝同伴們一路的陪伴，他們都是我的小天使，讓我感受到滿滿的愛和關懷。這段以愛為名的朝聖之旅讓我充分體驗到「我們應該彼此相愛，因為愛是出於天主。」（《若望壹書》四章7節），祂無時無刻愛著我，也教導我如何去愛。這份與基督相遇的禮物，就是祂給我的「最美的祝福」。

在伊塔蒂亞亞國家公園。

在門德斯與新朋友合影。

22

意外的驚喜 ✕ 應奎

這次的世界青年日讓我感受到主的奇妙安排。

活動一開始我對天主沒什麼信心，尤其是在我拿到星巴克城市杯的里約杯之前。捷運站突然停擺的事件也影響了我對祂的信心。當時我們在一個公園參觀世界上各個修會所擺的攤子，我們在雨天的公園中行走，整個會場都被擠得水洩不通，而且還有很多不同國家的人跑來跟我們合照，之後我們要搭地鐵離開會場。

當我們走到地鐵站的門口時，地鐵站突然關閉了，當時我們已經擠到地鐵門口，卻被通知必須往外面擠出去；當我們要擠出去時，又有許多其他國家的青年要往內擠，當時的情況非常混亂，各國語言的交談聲此起彼落，似乎在溝通上也產生了問題，還好我緊握著團員的手，才得以順利擠到橋下。到橋下時，我看到許多人正說著不同的語言，都在祈禱著，當時我快氣炸了，心想：「現在祈禱有什麼用？」

事後回想起來，我對自己當時的念頭也感到詫異。後來天色已黑，我們卻在往回走的路上，遇到教宗的座車經過，這是個意外的驚喜。

享受與夥伴們一起曬太陽的時光。

世青大會結束時，我很想要星巴克城市杯的里約杯，當時我在主教座堂祈禱能買到那個杯子，但一直到離開里約都沒機會買到。無法達成這個願望，讓我感到心情低落。後來我們去了彼得羅波利斯，我對寄宿家庭的家人說出沒有買到杯子的遺憾，沒想到他們竟拿出了家中的星巴克里約杯，毫無保留的送給我，讓我的心情瞬間從谷底沖上天，我的祈禱真的成真了！我決定回台灣後，也要寄一個台中的城市杯給他們，以表達心中的感恩。放眼四海皆兄弟，主內的一家人，到哪裡都熱情。

我透過這次的世青了解到「分享」與「互助」的意義，雖然當下我沒有感受到，而且我本來就不太習慣跟別人分享或共用東西，但這次能感受到別人願意在我需要幫助時伸出援手，像是我的褲子破洞時，嘉志願意給我針線，但我的手工天生就很差，所以一個禮拜後褲子又破了；寶秋對我縫褲子的手藝實在看不下去，於是她就幫我縫好了；我在巴士上發現自己放錢的腰包幾乎快要弄斷了，年加修女立刻給我一個大頭針，讓我把腰包固定好；當中有幾天我喉嚨很痛，盈臻提醒我要多喝水，璦錚幫我向醫生傳達我想表達的內容；我身上只有美金沒有歐元的時候，愛美借我四歐元買電池……。

在參加世青之前，我不太有自信，而且覺得自己很醜，但我在世青的這段時間常被不認識的外國人誇獎，從他們的口中我常聽到beautiful、cute、handsome這一些形容詞，在路上還會有許多來自各國的朋友表示要跟我合照，但我還是搞不懂為什麼會有beautiful這種形容詞，有些團員還說我有一點曹圭賢、姜至奐、宋仲基的型，其中還有一個韓國團的夥伴特別說我有一點姜至奐的感覺，這讓我開始比較有自信，也影響了現在的我。

在伊塔蒂亞亞國家公園，準備領取午餐。

　　最神奇的是，我不小心上錯美國德州團的船，當時我還想說我們的團員跑去哪了，不過我也因此而認識了三位美國德州的女孩們，當時她們邀請我一起吃培根口味的超鹹餅乾，我也吃得不亦樂乎，之後我們就變熟了。

　　其實這趟旅程中讓我信仰大增的部分是「明供聖體」，以前我對於「明供聖體」毫無頭緒，還以為就是看著像太陽的東西發呆，而且還覺得那樣發呆真的很累。當我們在門德斯明供聖體時，修女跟我說聖體光裡裝的是耶穌聖體，也就是代表著耶穌在我們面前聽我們說話，這下我終於搞清楚明供聖體的意義了。

　　我在明供聖體時向耶穌祈禱，感受到前所未有的平靜。在這段時間我向著耶穌基督的聖體默禱，體會到耶穌在與我溝通、對話，之後就睡著了。等我醒來後，突然出現想辦和好聖事的念頭，而且是一股很深的衝動，這是件很奇妙的事，因為我之前不喜歡辦和好聖事，總覺得丟臉。這是我第一次渴望領受和好聖事。

　　在接下來的旅程中，透過高神父的解釋，讓我對明供聖體及和好聖事，有了更深的體會和認識。

23

不是結束，
是新的開始！

美唐宇美玲 × 阿唐軒佳玲

該如何回報這份愛？

去世青前，我其實並沒有期待能獲得什麼或特別為此準備什麼，只是空白了自己，去感受。在培訓時，神父總說我們的朝聖之旅已經開始了，要準備好自己，然而要準備些什麼、要怎麼準備，對我來說一直是個大問號。我因為不解而顯得漫不經心，姊姊唐唐反而是那個積極準備的人。

到了巴西後，雖然這次世青有個明確的主題——「你們去使萬民成為門徒」，我卻有種很對不起這個主題的感覺，因為我只感受到「我們在基督內是一個大民族」，還無法向外福傳。我在跟寄宿家庭的相見、相處中，接受到他們的熱情、關心，以及真實的愛。朝聖才開始就得到這麼多，我除了感動，也開始反思———該怎麼去回報這份愛？

從世青回來後，最初的幾天像是恢復到正常生理時鐘一般，維持著早睡早起的作息，夏末的太陽依舊在五點左右叫醒我，天明亮了，看著晨曦，我卻徬徨了，想著「現在要做什麼？」

在世青時，每天梳洗過後，第一件事就是晨禱，而現在呢？家人都還在夢鄉，自己一個人的晨禱，就像在心中的自語；少了密集的團體祈禱和彌撒，讓我在結束世青旅程後，彷彿也結束了祈禱生活。接下來的日子，慢慢的，曾在巴西燃起的熱火，漸漸消散成了星火，不得不說，內心不是沒有焦躁的，直到一次跟唐唐還有Kiki去田中避靜，才讓我再次感受到安靜的力量。

生活中有很多的人與事，會消磨掉我們對信仰的熱火，而我也學著找尋適合自己的祈禱方式：把生活中的每件小事、遇到的每一個人放在祈禱中。透過祈禱，有時能感受到聖神帶來的感動，且能不時為自己的信仰愛火添一把薪柴；在祈禱中感受到的安靜、感動與愛，也成為我每日不時祈禱的力量。

by 阿美

朝聖之旅，永不間斷

　　巴西朝聖之旅結束後，我的目標是──到世界各地朝聖。還記得在巴西時，有位夥伴問我：「來到巴西後妳有什麼想法？」當時，我的回答是：「我想繼續去朝聖，因為在這裡，我感受到祂的偉大，整個世界都是祂的奇妙化工。這份感動，讓我更想看看這個美麗的世界。」

　　這趟世青之旅開啟了我想要繼續朝聖的夢想。在巴西時，每當踏上一個新環境，體驗到當地的生活習慣與文化後，心中就會有所期盼，想要再看看更多的地方、更多的面貌。這份期盼成為我朝聖的動力，一心期待著下一屆的世界青年日。

　　帶著這樣渴望的心，從巴西一路回到台灣。離開巴西已有一段時間，但朝聖之路依舊存在心中。

by 唐唐

我相信，這是天主的安排

　　這次巴西之旅，發生了很多事情，對我有很多的啟發。還記得抵達巴西的第一天，我在機場就弄丟了鞋子！當下當然是很緊張，因為如果找不到的話，就代表我之後將近一個月都要靠拖鞋過活。最後，果然是以「找不到」的悲劇收場，雖然覺得有點荒謬，但還是對自己的迷糊感到有些生氣……

　　在這將近一個月的拖鞋生活裡，感謝天主的降福，雖然遇到了一些不便的地方，最後都順利解決了，而我也因此體會到刻苦的感覺（小灰團有很多機會徒步朝聖或徒步前往目的地）。

　　在世青之旅前，老爸曾經對我說，不管遇到什麼，都是天主的安排、都是美妙的。我原以為少了鞋子會阻礙我的旅程，在天主眼中似乎不是這樣。現在再想起這件事，的確為這趟旅程增加了更多「味道」，豐富了我的世青生活。

　　參與這次世青，不論是在法國或是在巴西，在教堂或是在寄宿家庭，在朝聖或是在共融，都有許多出奇不意的驚喜。這份驚喜使我們更懂得彼此相愛。

最重要的是，不管有沒有學到東西、有沒有交到新朋友，天主都很愛我們，就像俯瞰里約的耶穌像一樣，用無私的胸襟擁抱著世上的每一個人，不分人種、不論國籍。在他的羊棧內，我們都是一家人。如果你問我，在這次世青裡學到了什麼？毫無疑問的，是愛。

by 軒宇

我願意，做合一的橋梁

　　世界青年日對我來說，就是讓長期在國外留學的我，有機會回到天主教大家庭——愛與共融的大家庭。世界青年日充滿青年人的熱情，對教會無盡的相信、期待、盼望，並且願意付出。世界青年日是我生命中的一場盛宴，看到每位神職人員的陪伴及每個青年的熱火，使我在回到歐洲以後，仍能持續維持對信仰和天主教會的愛火！不管在哪裡，我都願意把這愛火傳給身邊的人，我會努力在基督宗教中間、在不同種族之間，做合一的橋梁。

by 佳美

我的家，就是妳的家

關於世青，我印象最深刻的就是寄宿家庭。我成長於一個不健全的家庭，後來我的家人也都移民到阿根廷，剩下我一個人在國內獨自居住，因此「家」對我來說是既熟悉又陌生的，雖然我很渴望與家人團聚，卻又很害怕回家！

在沃爾塔雷東達時，我單獨一個人寄宿在一個家庭。那時我有些擔心，因為一個人語言又不通，還好這些素未謀面的家人，對我非常好。

瘦小的轟爸來接我時，堅持要為我提那19kg的背包；回到家後，還邀請很多親戚來看我，包括叔叔、阿姨、表哥、表妹等。他們每次都提早來教堂等我們活動結束，之後再接我回家。有一天，我們很晚才從海邊回來，天氣好冷，我的家人一直在教堂門口等待著我，一下車就上前迎接我。他們給了我家的溫暖。離開的時候，還送了很多禮物給我，包括兩張裱起來的全家福。

坐在大巴上望向窗外，他們依依不捨地跟著車奔跑，不停地向我揮手，我很感動。這裡的家人融化了我堅硬的心，讓我不知不覺掉下眼淚。

到了彼得羅波利斯的寄宿家庭，家人們依然是那麼熱情、善良。活動結束後，轟媽把我的衣服都洗好、燙好，放在房間裡，她每晚還會做可口的巴西餐給我吃。快樂的時光總是易逝，離開的那一天，轟爸開車載我去教堂集合，一到教堂，他快速的抱了我一下，就將車開走了。我不明白為什麼，三分鐘後，他又繞回來，把車上的護身符（巴西黑聖母像）送給我。我看見他眼裡有淚水，這才明白，原來他不想讓我看到他哭。世青結束後，我收到他們的來信，一直說要來看我。

巴西世青的寄宿家庭給我溫暖，讓我有勇氣面對自己的家。世青結束後，我回到阿根廷的家，現實還是那樣殘酷，生活中的一切都無比艱難。因為事業不順心，我爸爸經常生氣，阻擋我去學校念書，生氣時甚至會動手打我。那天我受傷了，決定收拾行李，自行回國。我媽媽在一旁哀求說，如果我走了，她就自殺。我坐在地上靠著牆，真的不知道該怎麼做……。這時，我收到一封來自寄宿家庭的郵件，是2011年參與馬德里世青時的轟媽寄來的。信中寫著，她聽到我的消息非常喜悅，很高興我能學習西班牙語，可以更好的與她溝通。還寫道：

> Yo espero que pronto puedas volver a España, a mi casa que también es la tuya, me haría mucha ilusión. Un fuerte abrazo con todo cariño de tu madre.
>
> *Elena*
>
> （我希望妳可以早點回到西班牙──我的家也是妳的家。我會高興得不得了。給妳一個來自母親的，大大的擁抱。）

　　彷彿是天父在告訴我，我所受的苦，祂都知道。有一天，當我回到天國，祂會給我大大的擁抱和獎賞。

　　當我無力前行的時候，寄宿家庭給了我動力，讓我知道我還有一個家，在背後永遠支持著我！

by 玲玲

親愛的夥伴、親愛的家人,有你們真好!

小灰們遊巴黎

　　在抵達巴西之前，我們先到法國巴黎轉機。因為到巴黎的時間很早，但晚上才要搭機，我們便把握待機的空檔，在巴黎逛逛。特別謝謝高神父的法國朋友，開車到機場接我們，讓我們把行李暫放在他的車上，還為我們準備可口的早餐及小禮物。那天，我們在聖母顯靈聖牌堂舉行了世青朝聖之旅的第一台彌撒，再到聖母院（Cathédrale de Notre Dame）附近野餐、閒晃，享受了一個愉快的下午。之後便前往機場與法國小灰團會合，一同搭機飛往里約。

小灰們背著行李抵達巴黎。

在巴黎的最後一晚，分享旅程中的感動。

　　世青結束，離開巴西之後，我們也跟著法國小灰一起飛回法國。法國小灰們回到溫暖的家，台灣小灰則是展開另一段小旅行。我們在巴黎外方傳教會（Missions Étrangères de Paris）住了三個晚上，以緩慢的步調和輕鬆的心情生活，讓世界青年日的感動在心中慢慢沈澱。

　　其中一天，我們去了凡爾賽宮（Château de Versailles），參觀華麗的皇宮和花園，在傍晚還去了巴黎鐵塔（La Tour Eiffel）。另外一天，我們分組「自由行」，最後集合在聖心堂（Basilique de Sacré-Cœur）朝拜聖體，並在教堂外面的廣場，一同晚禱。在這裡跟大家分享我們的自由行路線：

高神父的朋友為我們安頓行李、準備早餐，我們送上卷軸表示感謝。

1. 名勝古蹟路線

從巴黎聖母院出發，沿著塞納河（La Seine）「右岸」走，會經過羅浮宮，杜樂麗花園（Jardin Des Tuileries）、協和廣場（Place de la Concorde）、香榭大道（Champs-Elysées）、凱旋門（Arc de Triomphe），一路走走看看。

2. 文青小店路線

參觀巴士底歌劇院（Opéra de la Bastille）、孚日廣場（Place des Vosges），逛逛瑪黑區（Le Marais）。

3. 血拼路線

在老佛爺百貨（Galeries Lafayette）裡快樂的迷路。

4. 二手市集

前往巴黎北部的聖圖安跳蚤市場（Marché aux puces de Saint-Ouen）。治安較差，建議多人行動，小心安全。

5. 大餐路線

找一間CP值高的餐廳，坐下來大快朵頤一番。

勿忘初衷

　　經過將近一年的醞釀期，這本書終於在團員們的努力下完成了。內容的編寫，是在我們回國之後，經過數次討論而成的。我們靠著從旅程中帶回的筆記本和紀念品，將記憶一一喚回，重新拼湊起來。本書主文以第一人稱「我」的方式敘述，其實內容並不限定在某一位團員的回憶，而是將大家的共同經驗整合在一起，為能更完整的向讀者介紹世界青年日。

　　另外，在參加世青的時候，若不熟悉官方國家所使用的語言，只靠現場的大會翻譯跟神父的翻譯是不夠的（尤其是遇到雙重翻譯的時候，如：葡萄牙語、法語、中文），難免有所遺漏。為能呈現完整的內容，有關世青週教宗講道的部分，皆是在世青之後，從天主教的官方媒體上節錄出來的，包括「鹽和光天主教媒體」、「台灣主教團網站」等。

　　最近兩年，台灣社會發生許多事情：核電危機、黑箱服貿、北捷砍人、政府弊案等等。需要更多的青年關心自己的家鄉，教會青年亦不能忘記教會給我們最寶貴的教導。希望本書可以為教會青年帶來更多信仰的活力，也給予還不認識基督信仰的人一個火熱的記號，來認識天主教的「世界青年日」！讓耶穌的愛注入每個人的心，關心這片土地，和身邊所有的人！

　　希望這本書可以將信仰的熱火傳給正在閱讀本書的你，讓你開始有朝聖的渴望，來報名參加2016年在波蘭克拉科夫的世界青年日。若你有堅定的決心，和積極宣傳福音的渴望，卻因為還在學，或是因為經濟因素而無法參加，請與台灣聖若望修會的神父聯絡。經神父們討論許可後，會將本書的版稅提供給你，贊助你的旅費，也希望和你作一個小約定，將下一屆世界青年日的喜悅傳給更多的人，讓愛火永不止息！

　　我們一起祈禱，請聖神在我們之間推動這個龐大的計畫！

2013年　世界青年日
台灣小灰團

聖若望修會在台灣的家

聖若望修會在台南安溪寮的會院。

若望之家避靜院──三峽天主堂

地址：237新北市三峽區中園街119號
本堂主任暨神師：雷嘉理 神父
電話：（02）2671-1964
電子信箱：domusjo@yahoo.com

菁寮天主堂

地址：731台南縣後壁鄉菁寮墨林村294-1號
本堂主任暨神師：韋方濟神父
電話：（06）662-2975
電子信箱：chingliao.holycrosschurch@gmail.com

安溪寮中華聖母靜心院──聖家天主堂

地址：731台南縣後壁鄉安溪寮頂安村95-1號
電話：（06）636-1881
中華聖母靜心院理家神父：畢度神父
本堂主任暨神師：梁承恩神父
臉書：聖若望會

定期舉辦避靜、道理班和彌撒，歡迎教友前來參加。
若需住宿請事先跟理家神父聯絡！

台南青年中心

神師：周達明神父
祕書：陳其棣
地址：701台南市大學路18巷23號
電話：（06）234-1501
臉書：天主教台南青年

在台灣的小灰神父及修士。

從早到晚，時時刻刻都能祈禱

天主是我們的生命和一切，我們卻常常忘記祂。因此基督徒祈禱，以思念天主，藉著不斷地祈禱意識到「天主在我們內，我們也生活在天主內」。教會向信友提供了不同時刻的祈禱內容，例如基督徒平常即會做的早晨祈禱、飯前祈禱、工作祈禱、為病人祈禱、受傷害時的祈禱、睡前祈禱等等，以及我們在世青旅程中每日的美好經驗——「時辰頌禱」（日課）。

耶穌教我們的祈禱

耶穌的門徒們也曾經對耶穌說：「主啊，請教給我們祈禱吧！」耶穌沒有給他們長篇大論的祈禱，也沒有艱澀難懂的辭彙。只有告訴他們說，你們應該這樣祈禱：

我們的天父，
願祢的名受顯揚，
願祢的國來臨；
願祢的旨意奉行在人間，
如同在天上。

求祢今天賞給我們日用的食糧；
求祢寬恕我們的罪過，
如同我們寬恕別人一樣；
不要讓我們陷於誘惑，
但救我們免於凶惡。 阿們！

請求聖母媽媽為我們代禱

聖母媽媽是耶穌的母親，也是我們的母親。我們可以常唸「聖母經」，請求仁慈的聖母媽媽，代我們向天主祈求：

萬福瑪利亞，妳充滿聖寵，
主與妳同在，妳在婦女中受讚頌，
妳的親子耶穌同受讚頌。

天主聖母瑪利亞，
求妳現在和我們臨終時，
為我們罪人祈求天主。阿們！

早晨的祈禱

早上一醒來，遇到家人會問好，同樣，我們也會向天上的父親請安。禱詞可以是簡單的：「天主，我將這一天的勞苦和喜樂奉獻給祢，請幫助我善度這一天！」抑或是「我天上的慈父，祢保祐了我一夜平安，又賜給我今日的生命，我誠心地感謝祢。我把今天的思想、言語、行為和一切

靈魂肉身的困苦全獻給祢，懇求祢看耶穌在十字架上受苦難的功勞，幫助我躲避一切罪惡，並勉力遵行祢的旨意。阿們！」

飯前的祈禱

吃飯前為感謝造物主，可以唸「天主，求祢降福我們，並降福那些供給我們食物的人，也賜給飢餓的人飲食。」我們也常常以這首簡單的歌來表達對祂的感謝：「感謝主～感謝主～感謝主在早晨，感謝主在中午；感謝主～感謝主～感謝主在早餐（午餐、晚餐）時。」

工作的祈禱

「天主，我們求祢，以祢的聖寵，指導我們的工作能順利進行，願我們的祈禱和行為，是為愛主而開始，又以榮主而結束。因我們的主基督，阿們！」

為病人祈禱

「主，耶穌，求祢祝福傷病的人，賜他們勇氣和忍耐去接受他們的病苦，求祢賞賜他們早日康復，阿們！」

受傷害時的祈禱

「主耶穌，祢給了我們愛人如己的新誡命，叫我們真心寬恕他人，甚至愛那傷害我們的人。求祢堅固我的信德，使我能效法祢受苦難時寬恕人的行為，阿們！」

睡前祈禱

「上主，我們的天主，我們感謝祢，因為在這一天裡，祢以祢的慈愛照顧了我們。求祢寬恕我們今天所犯的一切罪過，求祢也幫助我們寬恕得罪我們的人。求祢保護我一夜平安，使我們遠離黑暗的誘惑，願祢的聖名永受讚美，阿們！」

時辰頌禱

「請大家前來向上主歡呼，向拯救我們的磐石歌舞。一齊到祂面前感恩讚頌，向祂歌唱聖詩，歡呼吟詠⋯⋯。」這是世青小灰團每天清晨七點半固定會唱出的優美禱詞，我們叫做唸（唱）「日課」。

日課的正式名稱是「時辰頌禱」，是教會自古以來即有的傳統，此習慣的目的是為幫助天主教徒能恆

常遵守耶穌「你們要常常祈禱」的命令；日課亦能協助教友取得不竭的祈禱養料。

日課包括兩個主要時辰：晨禱（早晨唸）與晚禱（一天工作完畢後唸）；頌讀（一天中的任何時間皆可唸）及兩個次要時辰：日間祈禱（午前禱、午禱、午後禱）與夜禱（就寢前唸）；普世教會頌唸同一的日課，為此，唸日課時，我們同時參與了教會全體的祈禱。

如果我們沒有在特定的時間渴望祈禱，我們是不能「經常」祈禱的。因此在世青的旅程中，我們盡最大的可能在特定的時間唱日課，活出固定的祈禱生活。

晨禱及晚禱是世青朝聖者每天固定要唸的，也是日課最重要的兩部分：「晨禱」是日出而作的祈禱，表示祝聖一天並為開始一天的工作而祈禱；「晚禱」是日落而息的祈禱，對於天主所安排的一天表示感謝。另外我們也常唸午禱及夜禱，「午禱」提醒教友在一天的工作和生活中，不忘祈禱，與主相交；「夜禱」是整天生活後、上床前的祈禱，將一天所思所行交託於天主。

日課中固定會出現的禱詞：

【早禱－匝加利亞「讚主曲」】

請讚美上主，以色列的天主，※[1]
因為他眷顧了他的子民，拯救了他的民族；

他在自己僕人達味的家中，※
為我們興起了一位大能的救主，

正如他曾藉眾聖者的中說過，※
就是藉他歷代先知所作的許諾；

一位救主將救我們脫離敵手，※
使我們擺脫仇人的掌握。

他向我們的祖先廣施仁慈，※
他常念及他的神聖盟約。

他曾向我們的先祖亞巴郎立誓；※
賜我們脫離敵手，無憂無懼，

生活聖潔，行為正直，※
虔誠事主，終身不渝。

至於你、我兒，你將稱為至高者的先知，※
你要做主的前驅，為他預備道路。

使他的百姓認識救恩，※
使他們的罪得到寬恕。

這是出於我們天主的慈懷，※
令旭日從高天向我們照耀，

光照那坐在黑暗中，死影下的人群，※
引領我們的腳步，走上平安的道路。

【晚禱―瑪利亞「謝主曲」】

我的靈魂頌揚上主，※
我的心靈歡躍於我的救主、天主。

因為祂垂顧了祂卑微的使女，※
今後萬代的人都要稱我有福。

全能者給我作了奇事，※
祂的名號何其神聖。

祂對敬畏祂的人們，※
廣施慈愛，千秋萬世。

祂運用手臂，大施神威，※
把心高氣傲的人擊潰。

祂從高位上推下權貴，※
卻提拔了弱小卑微。

祂使饑餓者飽饗美味，※
卻使富有者空手而回。

祂扶助了祂的僕人以色列，※
因為祂常念及自己的仁慈。

正如祂曾應許我們的先祖；※
永久眷顧亞巴郎和他的家族。

【夜禱―「母后萬福」
（Salve Regina）】

母后萬福！仁慈的母親；
我們的生命，我們的甘飴，我們的希望。
厄娃子孫，在此塵世，向妳哀呼。
在這涕泣之谷，向妳嘆息哭求。
我們的主保，求妳回顧，憐視我們，
一旦流亡期滿，
使我們得見妳的聖子、萬民稱頌的耶穌。
童貞瑪利亞，
妳是寬仁的，慈悲的，甘飴的。
天主聖母，請為我們祈求，
使我們堪受基督的恩許。

---

1 標示※的句子為領唱句，另一句則為答唱句。

來自巴西家人的祝福

這群來自台灣的朝聖者，為我們帶來無比的歡欣。能夠接待這些年輕人，實在是我們的福氣。甚至連平常不上教堂的朋友，也在這次的接待中，體會到與台灣年輕人之間的深刻友誼，並感受到天主的臨在。

在這段時間裡，我們克服了語言的障礙和文化的差異。就像耶穌復活後，聖神降臨在門徒當中，使大家能夠說新語言、彼此溝通，體會兄弟之愛。這次，聖神也臨在這個「洛雷托聖母」守護的教堂，彰顯了豐富的恩典。

我們深深明白，在敞開我們「家」的大門之前，要先敞開「心」的大門。只要能夠開啟心門，語言就不會再是障礙，因為心與心之間唯一的語言，就是愛。

我們想念與台灣朋友一起生活的時光，那是極其珍貴的回憶，也是天主給我們的祝福。祈求洛雷托聖母、祈求天主，眷顧我們在台灣的家人，永遠幸福。

José Carlos e Maria do Carmo
沃爾塔雷東達

2013世青禱文

親愛的天父，祢派遣了祢的獨生子把救恩帶到這個世界上，藉著基督、偕同基督、在基督內，祢召喚了男人、女人一起去普天下傳播福音。求祢賞賜我們所需要的恩寵，藉著聖神的大能展現在這第三個千禧年的福音傳布上，讓年輕人能活出身為受造物的喜樂，讓他們的臉上都能閃耀出喜樂的光輝。

耶穌基督，人類的救主，祢張開雙手豎立在巴西里約熱內盧基督山頂上的形象，象徵了祢衷心歡迎所有的人。在祢的逾越奧蹟中，藉著聖神祢把我們提升成為天父的兒女。這群被祢的感恩聖祭餵養的年輕人，聽見了祢的召喚，並視祢為兄長，我們實在需要祢無限的憐憫得以在新福傳世紀中開創出傳播福音的使徒途徑。

聖神，祢是聖父與聖子愛的象徵，藉著祢真理的光輝和愛的火焰，求祢光照年輕人，透過世界青年日的經驗，將信、望、愛帶到世界各地，成為締造和平與美好新世界的催化者。阿們！

一起來參加「世界青年日」吧！

World Youth Day – Polska Kraków

2016年世界青年日
在**波蘭 克拉科夫**！

若你有堅定的決心，和積極宣傳福音的渴望，卻因為還在學，或是因為經濟因素而無法參加，請與台灣聖若望修會的神父聯絡。經神父們討論許可後，會將本書的版稅提供給你，贊助你的旅費，也希望和你作一個小約定，將下一屆世界青年日的喜悅傳給更多的人，讓愛火永不止息！

關於世界青年日出團訊息，請密切留意「台灣主教團青年組」網站及臉書專頁：
http://www.catholic.org.tw/catholic/index.php
https://www.facebook.com/youthcrbc

歡迎下載天主教麥力APP【熱血年輕人專用限定】

找教堂・靈修角・團康角・美術角・音樂角・活動訊息
下載網址：http://goo.gl/zDMnXr
官方粉絲團：https://www.facebook.com/mailimaili

國家圖書館出版品預行編目資料

繞過半個地球見教宗：跟著小灰團參加2013世界青年日／
2013世青小灰團員／賴光男主筆　作 . --初版, -- 臺北市：
星火文化，2014年7月　面；公分 .（為愛旅行：1）
ISBN　978-986-90324-1-4　　（平裝）

1.天主教　2.靈修　3.文集
244.9307　　　　　　　　　　103012595

為愛旅行 01

繞過半個地球見教宗：跟著小灰團參加2013世界青年日

作　　　者	2013世青小灰團員（丁愛美、王思淳、王瓔錚、古惠卿、史寶秋、李佳美、李宛庭、周瑋君、林昀葳、林軒宇、洪郁淳、胡璟麗、唐芊億、唐溱筑、徐瑤倫、徐誼倫、高天祐神父、常祈天、張年加修女、張念慈、張嘉志、陳彥伶、陳思宏、陳思聰、彭彙育、曾盈臻、曾榆涵、游凡儀、程韋欣、黃伊萱、黃喻暄、葉吉祥、劉玲玲、潘應奎、鄭玉梅、賴光男、羅世琪）
主　　　筆	賴光男
插　　　圖	陳彥伶、羅世琪
照　　　片	2013世青小灰團員、呂居勳、http://www.shutterstock.com/
內文統籌	常祈天
執行編輯	陳芳怡
封面設計	木木
內頁排版	木木
總編輯	徐仲秋
出　　　版	星火文化有限公司
	台北市衡陽路七號八樓
	電話（02）23319058
營運統籌	大是文化有限公司
業務・企劃	副總經理陳雅雯／業務經理 吳幸錦／業務助理馬絮盈／行銷企劃何芳儀
	讀者服務專線：（02）2375-7911分機122
	24小時讀者服務傳真：（02）2375-6999
香港發行	大雁（香港）出版基地・里人文化
	香港荃灣橫龍街78號 正好工業大廈25樓A室
	電話：（852）2419-2288 傳真：（852）2419-1887
	E-mail：anyone@biznetvigator.com
印　　　刷	韋懋實業有限公司　　　　　　　　　　　　　ISBN 978-986-90324-1-4